너희는
이렇게
기도하라

이 도서의 국립중앙도서관 출판예정도서목록(CIP)은 서지정보유통
지원시스템 홈페이지(http://seoji.nl.go.kr)와 국가자료종합목록시스템
(http://www.nl.go.kr/kolisnet)에서 이용하실 수 있습니다.
(CIP제어번호 : CIP2019011579)

너희는
이렇게
기도하라

김재출 지음

비전북

| 추천사

김재출 목사는 나를 그리스도께로 이끌어준 전도자이자, 오랜 세월 믿음
의 정을 쌓아온 신앙의 동료이며 마음의 벗이다. 청징(淸澄)한 그의 영혼
이 강단에서 쏟아낸 언어들이 활자화되어 우리 앞에 다시 나타난 것은 여
간 기쁜 일이 아니다. 오랫동안 삶의 현장에서 기독교인으로서의 가치를
실현하고자 고뇌하며 애쓰던 그가 늦깎이 목사가 되어 쏟아내는 설교에는
언제나 신앙과 삶이 하나라는 분명한 의식이 자리 잡고 있다. 이런 의식에
대한 치열함이 성경의 기록을 먼 옛날이야기가 아닌 지금 우리의 이야기로
인식시키고, 신앙을 교리의 문제가 아닌 삶의 문제라는 분명한 의식을 가
지게 한다. 김재출 목사의 주기도문 설교는 신앙을 부여안고 현실과 부딪
쳐온 그의 삶의 여정을 아낌없이 우리에게 전해주고 있다. 이것이야말로
그의 설교의 원동력이며 그리스도인으로서의 삶을 밀어주는 추동력이 아
닐까? 부디 내게 전해진 이 벅찬 감동이 이 책을 읽는 많은 분들에게도 함
께 전해지기를 바란다.

_ 김재성 (수목원교회 협동목사, 바른기독교바른정치연구소장)

김재출 목사의 설교는 그가 실존의 세계에서 신앙인으로 살면서 겪은 아픔과 극복의 경험들을 진솔하게 전달한다. 그래서 그의 설교는 언제나 나의 마음에 그리고 듣는 이들의 마음에 울림을 준다. 우리가 얼마나 나약한 존재인지 다시 생각나게 하며 성령의 감동으로 하나님의 존전에 서게 하는 겸허한 마음을 가지게 한다. 이 주기도문 설교에서도 나는 여전히 그런 감동을 가진다. 그리고 이 책을 읽는 여러 독자들에게도 이런 감동을 주실 것을 믿는다.

_ 조길환 (말레이시아 선교사, 前 전남대학교 부총장)

저는 이십년 이상 한 교회에 출석하면서, 교회에 새로 나온 분들을 가르치는 등 여러 가지 봉사로 열심히 섬겼습니다. 그러나 어떤 힘든 일을 계기로 더 이상 신앙생활을 할 수 없어 수 년 동안 교회에 나가지 않고 지냈습니다. 그러던 중 가까운 분의 소개로 김재출 목사님의 주기도문 설교를 듣게 되었고, 그 설교를 통해 우리가 예배 끝나면 의례적으로 드리던 주기도문에 이렇게 깊은 뜻이 있다는 것을 알고서 큰 감동을 받았습니다. 그래서 그 설교를 듣고 또 들으면서 다시 신앙생활을 시작할 수 있는 힘을 얻었습니다. 이제 그 주기도문 설교가 책으로 나온다니 참으로 기쁩니다. 이 책을 통하여 많은 분들에게도 내가 받은 감동과 은혜가 전해지기 바랍니다.

_ 박정미 (낮은울타리교회 집사)

| 머리말

내 나이 오십에 신학대학원에 가게 되었습니다. 그리고 개척교회를 시작한 지 이제 10년의 세월이 흘렀습니다. 이 10년은 하나님께서 왜 나 같은 사람을 부르셨는지 그리고 하나님의 말씀이 왜 진리이며 생명인지 더 깊이 깨닫고 가르쳐주시는 하나님의 시간이었습니다. 또한 주님은 여전히 이 땅에서 그의 교회와 말씀을 통하여 그의 백성들을 보살피고 그 가운데서 일하시는 살아 계신 하나님 되심을 경험하는 참으로 귀한 은혜의 시간이었습니다. 이런 시간을 선물로 주신 주님께 감사드립니다.

이제 내게 주어진 남은 목회의 시간은 제한되고 짧겠지만 하나님의 말씀은 영원의 시간을 통해 일하심을 믿으며 그 동안 들려진 설교 중 몇 편을 출간하여 여러분과 함께 이 은혜를 나누고자 합니다. 그 첫 번째 책으로 주기도문 설교 몇 편을 모아 《너희는 이렇게 기도하라》를 출간하게 되었습니다.

감사 인사를 드릴 분들이 참 많습니다. 지금은 하나님 나라에 계신 우리 부모님은 어린 시절 제게 신앙의 유산을 물려주셨습니다. 목회자이신 형님을 비롯한 형제자매들은 제가 신학적 분위기에서 자라도록 영향을 주었습니다. 제 아내는 평생 제 곁에서 믿음의 동반자로서 수고하고 애써주었습니다. 제 두 아들 내외는 저와 함께 예배드리며 제게 늘 큰 힘이 되어 주었습니다. 낮은울타리교회 성도님들은 매주 은혜 속에서 이 설교를 저와 함께 들었습니다. 강수현 자매님은 바쁜 일상 중에도 공들여 이 책을 편집해 주었습니다. 강동현 형제님은 출판에 대해 아낌없이 자문을 해주었습니다. 신주환 집사님과 임미선 권사님 부부는 전폭적인 재정 후원을 아끼지 않으셨습니다. 여기에 다 언급할 수 없는 수많은 은혜와 사랑 속에서 이 책이 탄생하였음을 고백합니다. 모든 분들께 감사드립니다.

2019년 4월
낮은울타리교회 창립 10주년을 기념하여,

김재출 목사

| 차례

주기도문

_ 마태복음 6장 9-13절

그러므로 너희는 이렇게 기도하라

하늘에 계신 우리 아버지여

이름이 거룩히 여김을 받으시오며

나라가 임하시오며

뜻이 하늘에서 이루어진 것 같이

　　땅에서도 이루어지이다

오늘 우리에게 일용할 양식을 주시옵고

우리가 우리에게 죄 지은 자를 사하여 준 것 같이

　　우리 죄를 사하여 주시옵고

우리를 시험에 들게 하지 마시옵고

　　다만 악에서 구하시옵소서

[대개] 나라와 권세와 영광이 아버지께 영원히 있사옵나이다

　　아멘

Prologue

어린 시절 예배의 끝을 알리는 신호이자, 조금이라도 빨리 집에 가고자 친구들과 경쟁적으로 암송하던 기도문을 기억하십니까? 바로 주기도문입니다. 그때의 습관 때문인지 아직도 우리는 이 기도문의 깊이는 알지 못한 채 너무 형식적이고 의식적으로 이 기도를 드리고 있는지도 모르겠습니다.

그러나 이 기도를 가르쳐 주신 주님은 인간의 모든 수고와 고난을 경험하셨고, 밤이 맞도록 하나님께 친히 기도하셨고, 마지막 고난의 십자가를 지기 전에는 땀방울이 핏방울처럼 되기까지 기도하셨던 분이십니다. 그런 기도를 드림으로 저와 여러분의 모든 죄를 짊어지시고, 사람이 상상할 수 없는 고난과 모욕 속에 죽으셨습니다. 그러나 우리 주님은 죽음을 이기시고 부활하사 살아 계신 하나님의 보좌 우편에 앉으셔서 지금 이 순간에도 우리의 기도를 들으시고 또한 우리를 위해 기도하고 계신 하나님의 아들이십니다.

이 예수께서 육신으로 이 땅에 거하실 때 우리에게 친히 가르쳐주신 이 기도문은 오늘도 하늘에 상달되는 깊이와 넓이를 가진 참으로 소중한 기도입니다.

01

하늘에 계신 우리 아버지

우리의 기도를 들으시는 분이 정말 존재하실까?

그분은 정말 살아계신 나의 아버지이신가?

기도는 하나님과 우리의 깊은 대화이다.

사람들은 결혼을 결정할 때 상대방의 조건을 하나하나 따져보면서 배우자를 신중하게 선택합니다. 그런 조건 중에 아주 중요한 한 가지는 그 사람이 나와 말이 잘 통하는 사람인가 하는 점입니다. 나와 말이 잘 통할 뿐 아니라, 그 말속에 진심이 있고, 그 사람과 헤어지면 금세 다시 만나서 대화하고 싶은 강한 끌림이 있을 때 비로소 우리는 결혼이라는 모험을 선택하게 됩니다. 그런 면에서 보자면 결혼 생활이라는 것도 결국은 두 사람 사이의 대화의 연장이라 할 수 있습니다.

아주 가까운 사이인 부부간에도 문제가 생기곤 하는데, 이렇게 문제가 있다는 것을 어떻게 알 수 있습니까? 부부 사이에 대화가 줄어들고, 오가는 말속에 진심과 사랑이 식어가고 있는 것을 볼 때 우리는 두 사람 사이에 균열이 생기고 있다는 것을 바로 알게 됩니다. 이로 보건대 대화라는 것은 그저 오고 가는 몇 마디 말이 아니라 두 사람 사이가 얼마나 진실한가, 친밀한가를 나타내는 지표입니다. 오늘 본문 9절에서 예수님은 우리에게 기도를 가르쳐 주시면서, 처음에 이렇게 시작하라고 하십니다.

하늘에 계신 우리 아버지 (마 6:9중)

이 첫 마디를 통해 기도란 나 혼자 하는 푸념이나 소망을 나열하는 행위가 아니라는 것을 알 수 있습니다. 우리가 기도할 때 그 기도를 진지하게 들으시는 어떤 분이 계시다는 것, 그분이 바로 하늘에 계신 우리 아버지시라는 것을 예수께서 우리에게 가르쳐 주십니다.

우리의 기도를 들으시는 분이 정말 나의 하나님이시며 나의 아버지이심을 믿는 믿음과 감동이 있을 때 이 기도는 사람과 하나님이 만나는 가장 높은 영혼의 대화요 영혼의 호흡이 될 것입니다. 우리가 그 하늘 아버지를 신뢰하며 의지할 때, 우리의 아픔과 슬픔과 고난에 대하여 우리의 기도를 들으시는 아버지께 언제든 아뢸 수 있습니다. 오늘도 하나님은 이 기도를 통하여 저희와 깊은 교제와 대화를 나누기 원하십니다. 우리의 아버지는 그 무한하신 사랑으로 우리의 기도에 응답하시기를 기뻐하십니다.

너희는 이렇게 기도하지 말라

주님께서는 주기도문을 그의 제자들에게 가르치시기 전에 먼저 우리들이 본받지 않아야 할 기도를 말씀하십니다.

> 또 너희는 기도할 때에 외식하는 자와 같이 하지 말라 그들은 사람에게 보이려고 회당과 큰 거리 어귀에 서서 기도하기를 좋아하느니라 내가 진실로 너희에게 이르노니 그들은 자기 상을 이미 받았느니라 (마 6:5)

예수님 당시의 유대 나라는 종교국가였습니다. 그래서 사람들에게 존경받는 하나의 방법은 아주 그럴듯한 기도 생활의 모습을 보여주는 것이었습니다. 특별히 바리새인이라 불리는 이들이 이런 것을 좋아했는데, 그들의 기도하는 모습은 이러했습니다. 사람들이 많이 모이는 회당이나 큰 거리에 서서 두 팔을 벌리고 하늘을 우러러 보며 아주 오랫동안 기도를 하는 것입니다. 긴 소매의 옷을 입고 두 손을 벌리고 서서 하늘을 향하여 무엇인가를 말하는 사람의 모습은 상상만 해도 멋있지 않습니까?

누가 봐도 그런 기도를 드릴 수 있는 사람은 자신의 신앙에 대해 떳떳하고 다른 사람들에게 책잡힐 만한 일은 하지 않는 아주 종교적인 사람일 것입니다. 그런데 주님은 단호하게 이런 기도는 하나님께 도달하지 못하는 기도라 말씀하십니다. 왜냐하면 이 사람이 드리는 기도는 하나님께 드리는 진지한 기도가 아니라, 오직 다른 사람에게 보이고 싶은 내면의 깊은 욕망을 표현하는 것에 불과하다는 것을 주님께서는 아셨기 때문입니다. 결과적으로 그는 사람들로부터 이미 그가 원하는 인정과 존경의 상을 받았으니 그걸로 만족하라는 말씀입니다.

> 너는 기도할 때에 네 골방에 들어가 문을 닫고 은밀한 중에 계신 네 아버지께 기도하라 은밀한 중에 보시는 네 아버지께서 갚으시리라 (마 6:6)

그러므로 진정 너희의 기도가 하나님께 도달되기를 바란다면 너의 작은 골방에 들어가 오직 그 기도를 들으시는 하나님만을 의식하며 은밀한 기도를 하라는 것입니다.

> 또 기도할 때에 이방인과 같이 중언부언하지 말라 그들은 말을 많이 하여야 들으실 줄 생각하느니라 (마 6:7)

다음으로 주님은 이방인과 같이 중언부언하는 기도를 드리지 말라고 하십니다. 중언부언이라는 말은 의미 없는 말(meaningless)을 수없이 반복한다는 뜻입니다. 그런데 어떤 사람들이 이렇게 의미 없는 말을 반복할까요? 시간을 길게 가지고 오랫동안 하는 기도라야 하나님께 상달된다고 생각하거나, 같은 말을 수없이 반복함으로써, 그 노력이 누적 포인트가 되어 하늘에 상달된다는 생각을 가진 사람입니다.

여러분이 어린 시절 부흥집회 등에서 단체로 기도할 때

인도자가 "주여 삼창 합시다" 하면 일제히 "주여, 주여, 주여" 하고 큰 소리로 외치며 같은 내용의 말을 수없이 반복했던 기억들이 있을 것입니다. 그렇게 해서라도 사람들에게 기도하고자 하는 마음을 열어주고자 하는 인도자의 의도 자체는 좋은 것이라고 생각합니다. 그런데 이렇게 기도하도록 시킴으로써 성도들이 기도는 뜨거워야 하며, 무엇인가 절실함을 그렇게 표현해야 하나님께 도달한다는 생각을 가지게 한다면 문제입니다. 이러한 기도도 주님이 말씀하신 중언부언하지 말라는 기도 속에 포함될 수 있기 때문입니다.

　　제가 즐겨 시청하는 TV 프로그램 중에 〈오지의 사람들〉이라는 게 있습니다. 물도 나오지 않고 전기도 없는 척박한 환경에서도 아이를 낳아 기르며 행복하게 살아가는 사람들의 모습이 나옵니다. 그들의 모습을 보면서 이렇게 편하게 살면서도 감사하지 못하고 불평이 가득한 우리의 모습을 되돌아보게 됩니다. 이 프로그램에서 기억나는 장면이 하나 있습니다. 티베트 순례자 세 사람이 히말라야 산 정상에 있는 그들의 성지인 사원을 찾아가는 이야기였습니다.

　　그 순례자들은 그곳에 도달하기 위해 수십 일 동안 손수레를 끌고 아주 가파른 산을 넘어가야 했습니다. 그 손수레에는 세 사람이 먹을 음식이 실려 있었습니다. 그 중 두 사람은 그 험한 산을 넘기 위해 힘들게 손수레를 끌고 가고 있는데, 나머지 한 사람은 수레는 끌지 않고 다섯 걸음을 뗄 때마다 한 번씩 오체투지(五體投地)를 하고 있었습니다. 오체투지란 불교에서 행하는 큰 절의 한 형태인데, 두 손과 두 발 그리고 얼굴, 이렇게 오체(五體)를 땅에 납작 엎드려 신께 경배하며 드리는 진지한 기도의 자세입니다. 그런 식으로 순례길을 가다 보니 거의 한 달이 걸려야 그들이 목적한 성지에 도착할 수 있었습니다.

여러분, 이렇게 남들이 도저히 따라할 수 없는 고행을 통해 드리는 이러한 기도라면, 하나님이 들어주셔야 되지 않겠습니까? 그러나 주님은 단호하게 그렇게 기도하지 말라고 말씀하십니다. 기도는 남이 할 수 없는 고행이나 수없이 반복되는 정성을 통해 하나님께 도달하는 것이 아니라는 것입니다. 얼마나 놀라운 말씀입니까? 그러시면서 그 이유를 이렇게 말씀하십니다.

> 그러므로 그들을 본받지 말라 구하기 전에 너희에게 있어야 할 것을 하나님 너희 아버지께서 아시느니라 (마 6:8)

대부분의 부모는 자녀를 기를 때, 그들의 인생여정에서 일어날 일들을 미리 생각하고 그에 대비하고 살아갑니다. 상급학교 진학을 위한 교육 과정 및 거기에 필요한 교육비며, 건강관리를 위한 예방접종 및 예측할 수 없는 사고에 대비하여 각종 보험에 들어 두기도 합니다. 만일 이러한 준비와 대비를 전혀 하지 않는다면 그런 분을 우리는 부모라 부를 수 있을까요?

주님은 이렇게 말씀하시는 것입니다. '네 기도를 들으시는 하나님이 정말 계시고, 그분이 너의 필요를 다 아시는 너의 아버지라는 믿음이 확고하다면, 네가 기도할 때 그분이 너의 필요를 전혀 모르는 것처럼 한 말을 또 하고, 한 말을 또 하고 하여서 그 내용을 하나님이 알게 하려는 그러한 일을 할 필요가 있겠느냐? 이러한 기도가 얼마나 어리석은 일이겠느냐?' 하고 말입니다.

이런 주님의 말씀을 듣다 보면 이런 의문이 생기지 않습니까? 하나님이 우리의 모든 일들을 다 아신다면 우리가 굳이 기도할 필요가 있을까, 하는 의문 말입니다. 그럼에도 불구하고 주님은 이 말씀에 바로 이어서 이렇게 말씀하십니다.

그러므로 너희는 이렇게 기도하라 (마 6:9상)

그렇다면 이제부터 주님이 가르치시는 이 기도, 즉 주기도문은 우리가 하나님께 드리는 가장 바람직한 기도, 하나님이 기뻐하시는 가장 올바른 기도일 것입니다.

하늘에 계신 우리 아버지

주님이 우리에게 가르치신 기도는 '하늘에 계신 우리 아버지'로 시작합니다. 성경은 하나님과 사람의 차이를 표현할 때 하나님은 하늘에 계시고 사람은 땅에 있다(전 5:2)는 식으로 표현합니다. 이것은 장소적 개념이라기보다, 하나님은 사람의 능력과 지혜로 도저히 이해할 수 없는 전능한 분이며 영원한 초월자라는 의미입니다.

예수님이 이 땅에 계시던 때에 이스라엘에서 하나님의 이름을 함부로 부르는 것은 돌에 맞아 죽을 수 있는 신성모독의 중죄였습니다(출 20:7, 십계명의 세 번째 계명). 히브리인들은 성경을 읽을 때 하나님의 고유한 이름 '여호와'라는 단어가 나오면 그 부분에서 침묵하거나, 다른 단어인 '아도나이'('주님'이라는 뜻의 히브리어)와 같은 단어로 대체하여 읽기도 했습니다. 그만큼 그 당시 유대인들에게 하나님의 이름은 신성시되었고 참으로 높고 두려운 이름이었습니다.

그런데 주님은 깜짝 놀랄 말로 이 기도를 시작하고 계십니다. "하늘에 계신 우리 아버지." 예수님은 이스라엘 백성들에게 그 기도를 들으시는 분이 하늘에 계실뿐만 아니라 우리의 아버지시라고 가르치십니다. 하나님을 아버지라고 부르는 것이 지금 우리에게는 너무나 편하게 들리지만, 당시 이스라엘에서는 매우 위험하고 충격적인 것이었습니다. 이 기도를 드리는 사람이 하나님을 정말 자기의 아버지라고 생각하고 그렇게 부른다면, 그 사람은 자기를 하나님의 아들이라고 주장하는 것이지 않습니까? 앞서 말씀드렸듯이 하나님은 하늘에 계시고 사람은 땅에 거하는데, 감히 사람이 하나님을 아버지라고 부르다니 이런 발언은 신성모독적이지 않습니까? 그러니 하나님을 아버지라고 부르는 이 기도문으로 기도하는 사람은 신성모독죄로 몰릴 수 있는 아주 위험한 기도가 되는 것입니다.

요한복음 19장에 보면, 대제사장과 유대인들이 예수님을 로마의 총독 빌라도 앞에 끌고나오는 장면이 나옵니다. 그들은 예수를 십자가에 못 박아 죽여야 한다고 거듭거듭 주장합니다. 그러나 예수를 심문한 빌라도는 로마법에 의해 이 예수가 죽어야 할 아무런 죄를 찾지 못했습니다(요 19:6하). 그때 유대인들이 이렇게 이야기합니다.

> 우리에게 법이 있으니 그 법대로 하면 그가 당연히 죽을 것은 그가 자기를 하나님의 아들이라 함이니이다 (요 19:7)

주님께서 우리에게 가르치신 기도에서 "하늘에 계신 우리 아버지"라는 말은 단순한 종교적 수식어가 아닙니다. 이 기도를 가르치시는 예수님 자신이 참으로 살아 계신 그 아버지의 친 아들로써 이 땅에 오셨음을 선언하는 것이요, 자신을 믿는 이들 역시 하나님의 자녀로서 이 기도를 드릴 수 있음을 선언하는 것입니다. 그러므로 "하늘에 계신 우리 아버지"라고 시작하는 기도는, 오직 예수님만이 우리에게 가르치실 수 있는 기도이며, 오직 예수님으로 말미암아 하나님의 자녀 된 우리만이 드릴 수 있는 위대한 기도입니다.

옛말에 자식 이기는 부모 없다고 했습니다. 아버지는 자녀들에게 강하고 엄한 것 같아도 사실 한없이 약하다는 의미입니다. 사실 부모는 자녀들을 크게 꾸짖을 때에도 정말 많이 고민하고 자녀의 눈치를 살피고 나서야 한 마디를 겨우 하지 않습니까? 그런데 그 자식들은 그런 부모의 마음을 모르고 기분 나쁘게 반응할 때가 또 얼마나 많습니까? 자식을 꾸짖고 나서도 더 고통스런 쪽은 부모라는 것을 우리는 모두 경험하고 있습니다. 주님께서 우리의 기도를 들으시는 분을 우리의 아버지라고 가르치신 것은 그 기도를 들으시는 분이 우리와는 너무나 다른 저 먼 곳에 계시는 분이 아니라, 우리의 모든 필요를 가장 잘 알고 우리에게 가장 많은 관심을 가지시고 우리에게 한없이 약한 우리의 아버지라는 선언입니다.

정말 우리는 하나님의 자녀인가?

예수님은 이 세상에 계실 때 너무나 놀라운 능력을 많이 보여주셨습니다. 장님의 눈을 뜨게 하고, 보리떡 다섯 개와 물고기 두 마리로 오천 명의 군중을 먹이고, 죽은 지 나흘이나 된 나사로를 무덤에서 살려내었습니다. 사람들은 이런 예수님에 대해 놀라움을 가지고 모여 들었습니다. 그들이 그토록 기다리던, 자신들을 로마의 압제에서 건져 줄 메시아가 바로 이 예수가 아닐까 하는 기대감을 가지고 이 예수가 가는 곳마다 열렬히 따라 다녔습니다. 그런데 이런 예수가 주장하는 것 중에 딱 하나 받아들이기 너무 어려운 말이 있었습니다.

> 나는 스스로 온 것이 아니요 아버지께서 나를 보내신 것이니라 (요 8:42하)

> 오직 하나님에게서 온 자만 아버지를 보았느니라 (요 6:46하)

사람들은 예수의 아버지가 요셉이라는 것도 알고, 그 어머니와 형제들이 누구인지 알고 있었습니다(마 13:55-56). 그런데 그 나사렛 출신 예수가 자기는 하나님이 보내신 아들이라고 말하는 충격적인 주장을 받아들일 수가 없었습니다. 그래서 그들은 예수를 죽이기로 결의하였습니다. 결국 예수님이 잡히셨고, 그 재판하는 자리에서 대제사장이 공개적으로 예수님께 물었습니다.

> 네가 하나님의 아들 그리스도인지 우리에게 말하라 (마 26:63하)

예수님이 대답하십니다.

> 네가 말하였느니라 그러나 내가 너희에게 이르노니 이후에 인자가 권능의 우편에 앉아 있는 것과 하늘 구름을 타고 오는 것을 너희가 보리라 (마 26:64)

예수님은 분명히 자신이 하나님이 보내신 그의 아들이며, 더나아가 그들을 심판하기 위해 다시 오는 것을 그들이 생생하게 보게 될 것이라고 말씀하십니다. 예수님의 이 확고한 주장을 들은 대제사장이 자기의 옷을 찢으며 외쳤습니다.

> 그가 신성모독 하는 말을 하였으니 어찌 더 증인을 요구하리요 보라 너희가 지금 이 신성모독 하는 말을 들었도다 너희 생각은 어떠하냐 (마 26:65하-66상)

그러자 그들이 모두 외쳤습니다.

그는 사형에 해당하니라 (마 26:66하)

나사렛 출신 목수인 예수가 자신이 하나님의 아들 즉 신성을 가진 자라고 주장하는 것을 그들은 도저히 참을 수 없었습니다. 그들은 이 예수를 십자가에 매달아 죽였습니다.

그러나 예수님은 십자가에서 죽으신 후 약속대로 사흘 만에 부활하셨습니다. 그리고 슬픔과 눈물에 젖어 있는 막달라 마리아에게 나타나 이렇게 말씀하셨습니다.

> 마리아야 … 너는 내 형제들에게 가서 이르되 내가 내 아버지 곧 너희 아버지, 내 하나님 곧 너희 하나님께로 올라간다 하라 (요 20:16-17)

주님께서 제자들에게 전하라고 한 내용은 이제 우리가 예수님의 형제가 되었고, 예수님과 함께 하나님의 자녀가 되었음을 선언하신 놀라운 소식이었습니다. 그러므로 주님께서 오늘 우리에게 가르치신 기도의 첫 구절, "하늘에 계신 우리 아버지"는 단순한 종교적 수식어가 아닙니다. "하늘에 계신 우리 아버지"는 주님이 친히 이 땅에서 모든 말씀과 증거로 보여 주신 사실입니다.

우리의 기도를 들으시는 분이 나의 아버지이심을 믿고 기도할 때 우리의 기도는 허공을 맴도는 헛된 기도가 되지 않을 것입니다. 우리가 우리의 아버지께 드린 이 은밀한 기도를 통해 우리 안에 있는 모든 염려와 근심을 그분께 다 맡길 수 있

01 하늘에 계신 우리 아버지

습니다. 우리가 드린 이 기도가 우리의 두려움을 용기로 바꾸는 능력이 될 것입니다. 우리 안에 영원한 아버지의 사랑이 함께 하실 것입니다.

02

이름이 거룩히 여김을 받으시오며

하나님의 이름이 따로 있는가?

보이지 않는 이름을 어떻게 거룩하게 여길 수 있는가?

기도는 영혼의 호흡이다

신앙은 지식만으로 성장하는 것이 아닙니다. 우리의 지성과 감성 그리고 의지를 포함한 전인격적인 변화가 있을 때 비로소 신앙이 자란다고 이야기할 수 있습니다. 우리 주위에도 보면 교회를 오래 다녀서 성경에 대해 아는 것도 많고 신학적 지식도 뛰어난 분들 가운데 감성적으로 매우 건조함을 보이는 이들이 많습니다. 남의 잘잘못을 지적하고 설교를 비판하는 모습을 보면 아주 수준이 뛰어나 보입니다. 그런데 교회에서 타인을 대하는 모습을 보면 부드러움이나 따뜻함을 드러내는 데는 미숙한 경우가 많습니다.

　　이런 분들에게서 공통적으로 발견되는 현상은, 그들의 기도 생활 역시 건조해져 있는 경우가 많다는 것입니다. 이렇게 건조해진 우리의 기도 생활이 다시 회복되고 생명력을 얻는 길은 하나님, 그분과의 대화를 시작하는 것입니다. 기도는 영혼의 대화이며 호흡이기 때문입니다. 호흡이 끊어지면 사람이 죽듯이 기도가 끊어지면 우리의 영혼이 메마르게 되고 점점 죽어갑니다.

여러분이 오랫동안 신앙에서 멀어져 기도를 잊고 지내다가 다시 기도를 해보려고 할 때 어떤 말로 기도해야 할지 몰라 그저 막막하고 아무 생각도 나지 않아 멍하니 앉아 있던 그런 기억이 있지 않습니까? 그것은 영혼의 호흡이 막혀 있기 때문입니다.

예수님은 제일 먼저 이 영혼의 호흡을 주시는 분이 바로 우리의 기도를 들으시는 하늘에 계신 우리의 아버지라고 알려주셨습니다. 그리고 이제 그 아버지는 우리가 높여야 할 거룩하신 이름을 가지고 있다고 가르치십니다.

이름이 거룩히 여김을 받으시오며

이름이라는 것은 단순히 무엇을 지칭하는 것을 넘어서는 개념입니다. 이름은 그보다 더 많은 의미를 품고 있습니다. 예를 들어 조선시대 후기의 대표적인 두 사람의 이름인 이완용과 안중근을 비교해 보십시오. 이름이란 결코 단순한 지칭이 아니라는 것이 느껴지지 않습니까?

우리는 이완용을 이완용 씨 또는 이완용 선생이라 부르지 않습니다. 그저 이완용 또는 이완용 그 새끼라고 부릅니다. 왜 그렇게 부릅니까? 그는 나라를 팔아먹은 사람이기 때문입니다. 그러나 우리는 안중근, 그분을 본 일도 없지만 대부분의 사람들은 그 이름 뒤에 의사, 열사 또는 선생이라는 호칭을 꼭 붙이게 됩니다. 그는 조국의 독립을 위해 목숨을 걸고 싸우다 죽은 분이기 때문입니다. 이렇게 누군가의 이름에는 단순히 그 사람을 가리킨다는 의미를 넘어서 그 사람이 걸어온 행적, 그 사람이 가지고 있는 가치, 그 사람과 내가 가지는 관계 등 많은 것이 담겨 있습니다.

오늘 살펴볼 주기도문의 첫 번째 간구, "이름이 거룩히 여김을 받으시오며"는 우리에게 이런 가르침을 줍니다. 너의 기도를 들으시는 분이 하늘에 계시고, 그분이 너의 아버지라는 것을 진심으로 믿는다면 너는 그 이름을 거룩하게 높여드려야 한다는 것입니다. 여기에서 거룩이라고 번역된 말의 히브리어 단어는 '카도쉬'입니다. 카도쉬는 '...로부터 떠나다', '...로부터 구별된다'는 뜻을 가지고 있습니다. 그러니 그분의 이름을 거룩히 여기라는 말은, 그분의 이름을 세속적인 모든 것과 '구별되는' 다른 분, 참으로 높은 하나님으로 인식하며 높이며 영광을 돌리는 자세로 기도해야 한다는 의미입니다.

결국 주기도문의 첫 번째 간구, "이름이 거룩히 여김을 받으시오며"는 우리의 내면에 이런 질문을 던져줍니다. '너의 기도를 받으시는 그분은 너에게 어떤 존재냐? 그분의 이름이 너에게 진정 그런 높은 의미를 지니고 있느냐?'

하나님의 이름을 멸시하는 자들의 기도

구약성경 말라기를 보면 하나님이 제사장들에게 분노하시는 장면이 나옵니다. 제사장은 백성을 대신하여 하나님께 제사를 드리며 기도하는 자들입니다. 그래서 그들이 행해야 할 중요한 일과 중에 매주 새로운 떡을 준비하여 하나님을 모시는 제단 위에 올리는 일이 있었습니다. 그런데 그들이 생각하기를 이 떡이나 그 떡이나 같지 않은가 하면서 헌 떡을 그대로 올려두는 일이 많았습니다(말 1:7). 또 소나 양을 제물로 바치는 제사를 드릴 때도 어차피 그런 제물은 불에 태우면 흔적도 없이 사라지는 것이라 생각하여 저는 것, 병든 것을 드리고 좋은 것들은 다 자신들을 위해 빼돌렸습니다(말 1:8).

그들은 하나님에 대하여 전혀 두려움을 가지지 않았습니다. 그들에게 제사는 하나의 형식에 불과하였습니다. 자기들이 드리는 제사를 받는 하나님은 그들의 마음속에서 이미 죽어 버린 아무 가치도 없는 하나님이었던 것입니다. 그런 제사장들에 대하여 하나님은 분노하셔서 이렇게 말씀하십니다.

> 이제 그것을 너희 총독에게 드려 보라 그가 너를 기뻐하겠으며 너를 받아 주겠느냐 (말 1:8하)

이렇게 조목조목 따지신 후에 말씀하십니다.

> 너희는 나 하나님께 은혜를 구하면서 우리를 불쌍히 여

> 기소서 하여 보라 너희가 이같이 행하였으니 내가 너희
> 중 하나인들 받겠느냐 (말 1:9하)

너희가 나를 하나님으로 여기지 않고 형식적인 예배만 드린다면, 그런 너희가 아무리 내게 기도하며 은혜를 구할지라도 들어주지 않겠다고 하십니다. 그리고는 이렇게 한탄하십니다.

> 너희가 내 제단 위에 헛되이 불사르지 못하게 하기 위하
> 여 너희 중에 성전 문을 닫을 자가 있었으면 좋겠도다
> (말 1:10중)

너희들의 예배 속에서 그리고 너희의 기도 속에서 나의 이름이 그렇게 하찮게 취급되고 죽어버린 하나님으로 대접받을진대 차라리 내가 너희들을 버리겠다고 말씀하시는 것입니다. 우리가 하나님을 제대로 예배하지 않으면 하나님은 그런 우리의 기도에 응답하지 않으시겠다고 하십니다.

다음으로 이사야를 보면 이런 구절이 나옵니다.

> 여호와께서 말씀하시되 너희의 무수한 제물이 내게 무
> 엇이 유익하뇨 나는 숫양의 번제와 살진 짐승의 기름에
> 배불렀고 나는 수송아지나 어린 양이나 숫염소의 피를
> 기뻐하지 아니하노라 (사 1:11)

> 분향은 내가 가증히 여기는 바요 월삭과 안식일과 대회
> 로 모이는 것도 그러하니 (사 1:13중)

이사야 선지자가 살았던 시대는 예배가 잘 드려지던 때였습니다. 그래서 여호와의 성전에는 제물이 넘쳐났습니다. 그뿐 아니라 월삭과 안식일과 대회로 사람들이 성전에 자주 모였습니다. 그런데 하나님은 이런 제물을 기뻐하지 않는다, 그들이 성전에 자주 모이는 것도 가증히 여긴다고 말씀하십니다.

> 너희가 손을 펼 때에 내가 내 눈을 너희에게서 가리고
> 너희가 많이 기도할지라도 내가 듣지 아니하리니 이는
> 너희의 손에 피가 가득함이라 너희는 스스로 씻으며 스
> 스로 깨끗하게 하여 내 목전에서 너희 악한 행실을 버리
> 며 행악을 그치고 선행을 배우며 정의를 구하며 학대 받
> 는 자를 도와 주며 고아를 위하여 신원하며 과부를 위하
> 여 변호하라 하셨느니라 (사 1:15-17)

종교적 형식과 열정만이 기도의 척도가 아님을 분명히 말씀하십니다. 종교적 형식은 철저히 지키면서 자신들이 지은 죄에서 돌이키지 아니하고 오히려 그 피 묻은 손을 높이 들어 기도하는 사람들의 그 뻔뻔함과 위선을 나무라십니다. 그런 위선자들의 기도는 듣지 않겠다고 선언하십니다. 하나님은 우리가 예배만 정성스럽게 잘 드리면 만족하시는 분이 아니라는 것입니다.

이 시점에서 구체적으로 한번 생각해 봅시다.

- 예배 시간에 핸드폰을 보고 놀면서 예배드리는 사람
- 예배 시간 바로 뒤에 약속을 잡아 놓고 설교가 길어지면 안절 부절 못하고 시계를 자주 쳐다보는 사람
- 별 중요하지도 않은 친구와의 만남을 위해 아무 의식 없이 주 일 예배에 참석하지 않는 사람
- 축도도 끝나기 전에 상습적으로 예배당에서 빠져나가는 사람
- 집안에서 작은 불화로 며칠 째 대화를 않고 지내는 부부
- 종업원들을 이유 없이 학대하며 임금을 제때에 주지 않는 악 덕 고용주
- 뇌물을 받고 부당하게 판결하는 재판장

이런 삶의 자세와 태도는 고치지 않고, 그저 자신이 하는 모든 일에 복 주시기를 바라며 드리는 예배와 기도는 과연 하나님의 이름을 거룩하게 높이는 예배이며 기도일까요?

참으로 우리를 두렵게 하는 기도

이렇게 기도는 단순한 종교적 행위가 아닙니다. 우리의 구체적 이고 현실적인 삶과 신앙의 태도를 돌아보는 행위이며, 하나님 앞에 선 자신의 깊은 내면을 성찰하는 시간이며, 하나님과의

깊은 대화입니다. 여러분 중에도 죄를 짓고 있으면서도 그 죄를 버리지 않고 즐기면서 숨기고 있을 때, 아무리 열심히 기도하려고 해도 왠지 마음이 답답하고 기도가 잘 되지 않는 경험을 가지신 분들이 있을 것입니다.

　　주님이 가르쳐주신 바른 기도의 첫 시작은 내 기도를 들으시는 분이 누구신지 바르게 아는 것이라고 지난 시간에 배웠습니다. 그리고 두 번째 가르침은, 그 기도를 들으시는 하나님의 이름이 나의 모든 삶과 신앙에서 가장 높게 대접을 받으셔야 바른 기도가 가능하다는 것입니다. 그러니 이 기도를 드리기 전에 먼저 나의 모든 삶에서, 즉 예배 때에나 평소 행실에 있어서나 하나님의 이름이 높임을 받고 있는지, 그분의 기쁘신 뜻이 무엇인지 스스로에게 다시 물어보라고 말씀하시는 것입니다.

　　여러분도 부부생활을 하다 보면 배우자와 다투는 경우가 생기지 않습니까? 그럴 때 싸움을 당장 멈추고, "여보! 함께 기도합시다. 그리고 하나님이 기뻐하시는 길이 무엇인지 각자 생각해 보는 시간을 갖도록 합시다." 이렇게 말하고 기도할 수 있어야 한다는 이야기입니다. 그런데 부부가 얼굴을 안 보고 각방쓰기 한 달은 쉽게 하면서도, 이렇게 함께 기도하자고 말하는 것 자체가 결코 쉬운 일이 아닙니다. 부부생활을 해본 사람들은 모두 실감할 것입니다.

　　목회자는 좀 특별해서 이런 일이 쉬울까요? 아닙니다. 인간의 나약함은 누구나 똑같습니다. 목회자 사모님들의 70% 이상이 우울증을 가지고 있다는 연구 보고를 본 적이 있습니다. 그

만큼 목회자 부부도 대화가 안 되는 현실에서 산다는 것입니다. 목회자를 위한 다양한 세미나가 있는데, 그중에는 목회자 사모 치유 세미나도 있습니다. 상처받은 사모들이 누구에게도 말할 수 없는 고통으로 인해 우울증으로 시달리는 경우가 그렇게 많다는 방증입니다. 그만큼 부부생활을 잘하기란 어렵습니다.

또 자식들을 하나님의 말씀으로 바르게 가르치기는 쉽습니까? 손에 용돈을 쥐어주기는 쉬워도 바른 말로 훈계하기는 결코 쉽지 않습니다. 그럴 때 이런 기도를 드릴 수 있어야 합니다. "하나님, 내 새끼도 내 말을 안 듣는데 하나님께서 저를 가르치시느라 얼마나 많이 힘드셨습니까?"

이렇게 우리의 신앙과 일상의 모든 삶에서 하나님의 이름이 가장 높은 인정을 받고 있는지 먼저 생각해 본다면 "이름이 거룩히 여김을 받으시오며"의 기도가 얼마나 귀한 가르침이며 엄중한 가르침이며 높은 수준의 기도인지를 알 것입니다. 루터는 "나는 성경 전체에서 이 기도보다 더 강력하게 우리를 가르치는 가르침을 알지 못합니다."라고 말했습니다. 왜냐하면 우리는 모두 하나님의 이름과 영광을 끊임없이 모독하는 삶을 살고 있기 때문입니다.

주님이 가르쳐주신 "이름이 거룩하게 여김을 받으시오며" 하는 기도는 그저 기도문에 있는 종교적 형식의 몇 마디 말이 아니라 구체적인 우리의 삶과 예배에서 하나님이 어떤 대접을 받고 있는지를 다시 한 번 생각하라는 경고처럼 들립니다. 또한 내가 그렇게 살고 있는가 하는 자신에 대한 진지한 성찰을 요구하는 엄중한 기도입니다.

하나님은 이름이 있는가?

예수를 믿든지 안 믿든지, 또는 기독교가 아닌 다른 종교를 믿는 자들이나 심지어 무속신앙을 믿는 자들도 그들이 믿는 신을 하나님이라고 부릅니다. 그렇다면 우리가 믿는 하나님이나 그들이 믿는 하나님이나 다 같은 하나님인지 아니면 우리가 믿는 하나님은 전혀 다른 이름을 가진 하나님인지 참 궁금합니다.

　　구약 성경에 보면, 자기에게 나타나신 하나님의 이름을 물어본 사람이 있었습니다. 그 사람이 바로 모세입니다. 모세는 본래 이스라엘 사람으로서 애굽의 왕자로 살아오던 중 동족을 보호하고자 취한 행동으로 애굽인을 죽이게 됩니다. 이 일로 모세는 애굽에서 도망 나와 사십 년째 미디안 광야에서 양을 치고 있었습니다. 하루는 호렙산 가까이에서 양을 치다가 놀라운 경험을 하게 됩니다(출 3장). 어떤 떨기나무에 불이 붙어서 활활 타오르는데, 신기하게 그 불이 붙은 나무는 타지 않는 이상한 모습을 보게 된 것입니다. 그 모습이 너무 신기해서 그 나무 가까이 다가갔습니다. 그때 그 떨기나무 불꽃 가운데서 하나님이 모세를 부르시는 장면이 성경에 이렇게 나옵니다.

> 하나님이 떨기나무 가운데서 그를 불러 이르시되 모세야 모세야 하시매 그가 이르되 내가 여기 있나이다 하나님이 이르시되 이리로 가까이 오지 말라 네가 선 곳은 거룩한 땅이니 네 발에서 신을 벗으라 (출 3:4하-5)

그리고 모세에게 사명을 주십니다.

> 이제 내가 너를 바로에게 보내어 너에게 내 백성 이스라
> 엘 자손을 애굽에서 인도하여 내게 하리라 (출 3:10)

당시 애굽은 세계에서 가장 강력한 나라였고, 이스라엘 자손은
그 나라의 노예였습니다. 그런데 하나님이 그런 노예로 신음하
는 이스라엘 민족을 인도하여 내라고 명령하시며 사명을 주시
는 것입니다. 이 일이 얼마나 어려운 일인지 잘 아는 모세는 계
속해서 이 사명 받기를 거절합니다. 이렇게 거절에 거절을 거
듭하는 중에 모세가 한 말 중에 이런 질문이 있습니다.

> 모세가 하나님께 아뢰되 내가 이스라엘 자손에게 가서
> 이르기를 너희의 조상의 하나님이 나를 너희에게 보내
> 셨다 하면 그들이 내게 묻기를 그의 이름이 무엇이냐 하
> 리니 내가 무엇이라고 그들에게 말하리이까 (출 3:13)

이스라엘 백성이 자기에게 나타난 신의 이름을 물으면 무엇이
라 대답하느냐는 것입니다. 이 질문에 하나님은 이렇게 답하십
니다.

> 나는 스스로 있는 자이니라 … 스스로 있는 자가 나를
> 너희에게 보내셨다 하라 (출 3:14하)

우리 눈에 보이는 이 세상에는 스스로 존재하는 이는 아무도 없습니다. 이 세상에 존재하는 모든 것은 다른 존재에 의존하여 생성하고 변화하고 소멸합니다. 이러한 현상에서 자유로울 수 있는 것은 이 세상에 없습니다. 만약 그런 현상에서 자유로운 자, 스스로 있는 존재자가 있다면 그 분이 바로 하나님이시며, 우리로서는 그 존재를 규명할 수 없는 초월자일 것입니다.

하나님께서 자신을 "스스로 있는 자"라고 말씀하신 것은 자신은 그 어느 것으로부터 생성되지 않고 변화하지 않는 영원한 존재라고 밝히시는 것입니다. 바로 우리가 이름을 거룩하게 높이는 그 하나님은 스스로 존재하는 분이십니다.

우리가 믿는 하나님의 이름을 '야훼' 혹은 '여호와'라고 알고 있는 경우가 있을 것입니다. 그런데 이 '여호와'라는 이름이 이 "스스로 있는 자"의 히브리어 발음이라는 것을 알고 계십니까? 즉 하나님이 당신의 이름을 '여호와'라고 말씀하신 것은 단순히 자신의 이름을 어떻게 읽는지 그 호칭을 알려주신 것이 아니라, 바로 당신은 "스스로 있는 자", 즉 그 존재 자체가 우리와는 너무나 다른 분이심을 보여주는 것입니다.

인류의 역사가 시작된 이래 신의 존재와 그 이름을 이렇게 단순하고 분명하게 보여 준 말은 없습니다. 이 기록이 지금으로부터 삼천년 전, 모든 나라가 인간이 손으로 만든 신상을 섬기던 다신교 사회였던 때 기록되었다는 것을 생각해 보십시오. 정말 놀랍지 않습니까? 저는 이러한 하나님의 자기 규명에 대한 말씀을 깨닫고 전율을 느꼈습니다.

이 놀라운 이름을 가진 분이 바로 우리가 기도를 드리는 그 하나님이십니다. 그분은 우리의 모든 것을 알고 계시는 전능자이시며 영원한 초월자이십니다. 그러므로 우리는 그분의 이름을 거룩히 여기며 온전히 신뢰하며 기도할 수 있는 것입니다.

하나님은 자기 이름에 명예를 거십니다

모세는 이스라엘 백성을 애굽에서 인도하여 내라는 하나님의 사명 받기를 몹시 두려워하며 주저하였습니다. 그뿐 아니라 사명을 받아들이고 애굽으로 돌아간 이후에도 이 사명을 수행하는 것을 몹시 힘겨워하였습니다. 그러나 하나님은 조금도 흔들림 없이 모세에게 말씀하셨습니다.

> 나는 여호와라 내가 애굽 사람의 무거운 짐 밑에서 너희를 빼내며 그들의 노역에서 너희를 건지며 편 팔과 여러 큰 심판들로써 너희를 속량하여 너희를 내 백성으로 삼고 나는 너희의 하나님이 되리니 나는 애굽 사람의 무거운 짐 밑에서 너희를 빼낸 너희의 하나님 여호와인 줄 너희가 알지라 (출 6:6하-7)

한마디로 요약하면 하나님은 여호와라는 자기 이름의 명예를 걸고 그 일을 해내겠다는 말씀입니다. 그리고 결국 그 구원을 모든 이스라엘 백성이 보고 알도록 해내셨습니다. 그것을 본 모세와 당시의 이스라엘 백성뿐 아니라 그 역사를 기억하는 모든 후손들 역시 하나님의 이름이 갖는 전능성과 영원성, 그분의 신실하심과 자비하심을 기억하며 그 하나님께 기도하였습니다.

다윗 왕은 시편 23편에서 하나님과 자신의 관계를 목자와 양으로 비유하면서 하나님을 이렇게 찬양합니다.

> 내 영혼을 소생시키시고 자기 이름을 위하여 의의 길로 인도하시는도다 내가 사망의 음침한 골짜기로 다닐지라도 해를 두려워하지 않을 것은 주께서 나와 함께 하심이라 주의 지팡이와 막대기가 나를 안위하시나이다 (시 23:3-4)

자신이 아무리 어렵고 힘든 일을 만나더라도 하나님이 당신의 명예를 걸고 우리를 선한 길로 인도하신다는 사실을 굳게 믿는다는 고백이며 또한 기도입니다.

예수님은 세상을 떠나시기 전날 밤에 그를 따르던 제자들에게 최후의 만찬을 베푸시며 이렇게 약속하셨습니다.

> 너희가 내 이름으로 무엇을 구하든지 내가 행하리니 이는 아버지로 하여금 아들로 말미암아 영광을 받으시게 하려 함이라 내 이름으로 무엇이든지 내게 구하면 내가 행하리라 (요 14:13-14)

예수님의 이름으로 드리는 모든 기도에 하나님께서 당신의 명예를 걸고 응답하실 것이라는 주님의 약속입니다.

사도 바울은 로마의 감옥에 갇혀서도 에베소 교인들에게 보낸 편지에 이런 기도문을 적어서 보냈습니다.

> 우리 가운데서 역사하시는 능력대로 우리가 구하거나 생각하는 모든 것에 더 넘치도록 능히 하실 이에게 교회 안에서와 그리스도 예수 안에서 영광이 대대로 영원무궁하기를 원하노라 아멘 (엡 3:20-21)

사도 바울은 우리가 구하는 것은 물론 우리가 생각하는 것까지 다 아시는 하나님이 자기의 이름을 위하여 우리의 요구와 생각보다 더 높고 더 온전하게 그 일을 자신의 일로 여기고 이루실 것을 굳게 믿고 있었습니다. 비록 자신은 로마의 감옥에 죄수의 몸으로 갇혀 있지만 그가 드리는 기도에는 그 기도를 들으시는 하나님의 전능하심과 신실하심과 풍성하심에 대한 감사와 감격이 넘쳐나고 있습니다.

　여러분! 우리는 이 하나님의 이름을 부르는 그의 자녀들입니다. 하나님은 자기의 이름에 명예를 거시는 분입니다. 그러므로 우리가 진심으로 기도하여 구하는 모든 것들은 우리 아버지의 이름으로 더 풍성하고 온전하게 이루어질 것입니다. 이 놀라운 기도의 감격이 우리 모두에게 있기를 바랍니다.

03

나라가 임하시오며

하나님 나라는 실제로 존재하는가?

어떻게 하나님 나라를 볼 수 있는가?

나라와 개인

2015년 9월, 전 세계를 울게 만든 한 장의 사진이 인터넷에 올라 왔습니다. 터키 해변 모래사장에 세 살 먹은 어린 아이의 얼굴이 반쯤 파묻힌 채 죽어 있는 모습이었습니다. 이 아이는 시리아 내전을 피해 작은 고무보트를 타고 탈출하다 배가 뒤집혀 바다에 빠져 숨진 채 해변까지 떠내려 온 시리아 난민 가족의 어린 아이, 아일란 쿠르디였습니다.

　　아일란의 시신을 발견한 지플락 경사는 그 아이를 본 순간 여섯 살짜리 자신의 아들이 생각나 이루 말할 수 없는 고통을 느꼈습니다. 이 비참한 현실을 온 세상에 알리고 싶어 이 사진을 인터넷에 올렸다고 심경을 고백하였습니다. 이 사진 한 장으로 말미암아 전 세계는 난민 문제의 심각성에 대해 다시 생각하게 되었습니다.

　　이처럼 나라가 없는 백성, 혹은 나라가 있더라도 그 백성을 지켜줄 힘이 없거나 오히려 그 백성을 괴롭게 하는 나라의 백성은 참으로 비참합니다. 이 사진 한 장을 통해 우리는 나라라는 것이 한 개인과 가족에게 얼마나 소중한 것인지를 새삼 깨닫게 되었습니다.

　　주님이 가르쳐주신 기도의 두 번째 간구는 "나라가 임하시오며"입니다. 주님이 말씀하신 "나라", 즉 하나님 나라는 실제로 우리를 지키며 보호하는 힘이 있는 나라일까요? 아니면 그저 기도 속에나 나오는 관념적이고 추상적인 나라일까요?

하나님 나라는 실존의 나라

장례식장에 가 보면 신앙이 없는 사람들도 '고인이 천국에서 안식하기를 바랍니다'와 같은 말로 남은 가족을 위로하는 것을 자주 보게 됩니다. 그러나 이들이 말하는 천국, 즉 하늘 나라는 우리가 경험할 수 있는 실제로 존재하는 나라가 아닙니다. 죽은 이들의 영혼이 하늘 어딘가에 가서 살겠지 하고 말하는 추상적이고 관념적인 나라입니다. 이런 나라는 문학적 혹은 종교적 표현일 뿐 실제 우리의 삶과는 아무 관계가 없는 상상의 나라일 뿐입니다.

　　그러나 예수께서 말씀하신 하나님 나라는 우리의 현실과 무관한 관념의 나라가 아닙니다. 우리가 사는 이 땅에 그리고 우리의 마음에 실재하는 나라입니다. 예수께서 요한에게 세례를 받으시고 공생애를 시작하시면서 한 첫 번째 선언은 이렇습니다.

회개하라 천국이 가까이 왔느니라 (마 4:17)

여기서 "회개하라"는 말을 영어 성경은 repent로 번역합니다. repent는 잘못된 것을 뉘우치고 반성하라는 뜻입니다. 물론 회개하라는 말에는 이런 작은 뜻도 포함되어 있습니다. 그러나 주님이 회개하라고 하신 말씀은 좀 더 근원적인 의미를 담고 있습니다. 회개는 헬라어로 '메타노이아'라는 단어를 쓰는데, 그 뜻은 '돌아서다', '방향을 바꾸다'라는 의미입니다. 즉 여기에서 주님께서 회개하라고 말씀하신 것은 지금까지 우리가 가고 있던 길에서 돌아서라, 근원적인 인생의 방향을 하나님께로 향하는 것으로 바꾸라는 뜻입니다. 그리고 뒤이어 이렇게 말씀하십니다.

천국이 가까이 왔느니라 (마 4:17하)

천국, 즉 하나님 나라는 저 멀리 하늘에 있는 추상적인 나라가 아니라 실제로 너희 가까이에 다가온 나라이니, 이제 너희는 너희 안에 있는 모든 불의를 버리고 하나님 나라를 향해 인생의 방향을 바꾸어 하나님께로 돌아오라고 말씀하십니다. 실재하는 하나님 나라가 우리 가까이에 와 있다고 말씀하신 것입니다. 그렇다면 주님이 말씀하신, 우리 가까이에 와 있는 하나님 나라는 구체적으로 어떤 나라일까요?

마태복음 12장을 보면 귀신 들려 눈도 멀고 말도 못하는 사람을 예수께서 고쳐주시는 장면이 나옵니다. 이 장면을 목격한 사람들은 매우 놀라며 예수님이 바로 구약에서 예언된 메시아가 아닌가 하고 서로 이야기합니다. 그러나 바리새인들은 "이가 귀신의 왕 바알세불을 힘입지 않고는 귀신을 쫓아내지 못하느니라"(마 12:24)라고 하여 예수님의 능력을 모독합니다. 예수께서 이런 바리새인들의 생각을 아시고 이렇게 반문하십니다.

> 스스로 분쟁하는 나라마다 황폐하여질 것이요 스스로 분쟁하는 동네나 집마다 서지 못하리라 만일 사탄이 사탄을 쫓아내면 스스로 분쟁하는 것이니 그리하고야 어떻게 그의 나라가 서겠느냐 …그러나 내가 하나님의 성령을 힘입어 귀신을 쫓아내는 것이면 하나님의 나라가 이미 너희에게 임하였느니라 (마 12:25-28)

어떻게 귀신끼리 서로 싸워서 귀신의 나라를 세우겠느냐, 나는 귀신을 힘입어 귀신을 쫓아낸 것이 아니다, 나는 하나님의 성령을 힘입어 귀신을 쫓아내었다, 그러니 하나님 나라는 이미 너희에게 임하였다, 하고 말씀하십니다. 주님은 하나님 나라가 실재하는 나라일 뿐 아니라 우리 가운데서 이미 놀라운 능력으로 이루어지고 있는 나라라는 것을 선언하고 계시는 것입니다.

그러므로 우리가 "나라가 임하시오며" 하고 구하는 하나님 나라는 결코 관념적이거나 추상적인 나라가 아닙니다. 그 나라는 예수님이 이 땅에 오셔서 구원의 복음을 전할 때부터 힘차게 시작되었습니다. 귀신이 쫓겨나고, 앉은뱅이가 일어나고, 눈먼 자가 눈을 뜨며, 보리떡 다섯 개와 물고기 두 마리로 오천 명이 배불리 먹고, 죽은 지 나흘이나 된 나사로가 무덤에서 다시 살아나는 놀라운 일들이 실제로 우리의 눈앞에서 일어나게 하는 나라입니다.

사람들은 기적을 행하시는 예수님의 능력을 보고 매우 놀라워했습니다. 그러나 그가 바로 이 세상에 오신 하나님의 아들이라는 사실은 믿지 못했습니다. 그가 이 세상에 오시므로 하나님 나라가 이 땅에 임하였고 실제로 그 통치를 나타내고 있음을 알지 못했고 믿지 못했습니다.

예수님은 우리에게 필요한 일상의 것들을 구하기 전에 "나라가 임하시오며" 하는 기도를 먼저 하라고 하십니다. 우리가 드리는 이 기도가 바로 이 땅에 우리의 능력과 지혜를 넘어서는 하나님 나라의 임재와 능력을 임하게 하는 놀라운 기도라는 것을 우리에게 가르치고 계신 것입니다.

하나님 나라는 신비한 나라

요한복음 3장에는 예수님을 찾아온 한 바리새인 이야기가 등장합니다. 경건한 신앙인이자 이스라엘의 정치 지도자이기도 했던 니고데모가 예루살렘을 방문한 예수님을 한밤중에 찾아왔습니다.

> 랍비여 우리가 당신은 하나님께로부터 오신 선생인 줄
> 아나이다 하나님이 함께 하시지 아니하시면 당신이 행하
> 시는 이 표적을 아무도 할 수 없음이니이다 (요 3:2)

니고데모는 예수께서 행하시는 놀라운 기적들을 보면서 이 사람은 분명 하나님이 보내신 위대한 선생, 곧 랍비라고 생각하고 찾아왔던 것입니다. 그러나 니고데모가 왜 자기를 찾아 왔는지, 그가 이 밤중에 남몰래 찾아와 묻고 싶었던 것이 무엇인지를 이미 아시는 주님은 니고데모가 질문도 하기 전에 이렇게 말씀하십니다.

> 진실로 진실로 네게 이르노니 사람이 거듭나지 아니하면
> 하나님의 나라를 볼 수 없느니라 (요 3:3)

니고데모는 종교적 계율과 관습을 엄격히 잘 지켜야 하나님 나라에 들어간다고 배우고 살아온 경건한 바리새인이었습니다. 그럼에도 불구하고 그의 마음 깊숙한 곳에는 하나님 나라가 정말 존재하는가, 그렇다면 그 나라는 어떻게 볼 수 있는가 하는 질문이 늘 있었습니다. 지금 니고데모는 이 심원한 질문을 가지고 예수께 나아온 것입니다.

이런 그에게 거듭나야 하나님 나라를 볼 수 있다는 예수님의 말씀은 전혀 이해되지 않았습니다. 니고데모는 거듭나야, 즉 다시 태어나야(born again) 하나님 나라를 볼 수 있다는 예수님의 말씀에 몹시 당황하여, 사람이 나이가 들어서 늙었는데

어떻게 다시 날 수 있습니까, 다시 태어나기 위해 어머니의 뱃속에 들어갈 수는 없는 것 아닙니까, 하고 반문합니다. 그러자 예수님은 이렇게 답하십니다.

> 사람이 물과 성령으로 나지 아니하면 하나님의 나라에 들어갈 수 없느니라 (요 3:5)

물은 죄를 고백하고 씻는 세례를 의미합니다. 성령으로 난다는 말은 성령의 강력한 역사로 신비한 내면의 변화가 일어나 그때 우리가 비로소 하나님 나라를 경험한다는 의미입니다.

> 육으로 난 것은 육이요 영으로 난 것은 영이니 내가 네게 거듭나야 하겠다 하는 말을 놀랍게 여기지 말라 바람이 임의로 불매 네가 그 소리는 들어도 어디서 와서 어디로 가는지 알지 못하나니 성령으로 난 사람도 다 그러하니라 (요 3:6-8)

우리는 바람의 존재는 알 수 있지만 그 바람이 어디에서 와서 어디로 가는지는 알 수 없습니다. 성령으로 거듭난 사람도 마찬가지로 거듭났다는 사실은 우리가 알 수 있지만 그 사람이 어떻게 그렇게 거듭나게 되었는지는 알 수 없습니다. 사람이 거듭나는 것은 오직 성령의 능력으로, 사람이 이해할 수 없는 신비한 방식으로 이루어지기 때문입니다.

　이제 주님은 자기를 믿는 사람들에게 이러한 신비한 변화가 일어나며 그들은 이 세상이 알 수 없는 영원한 생명을 얻을 것이라고 선언하십니다. 주님께서 이 신비한 일을 위해 이 세상에 오셨다고 말씀하십니다.

> 하나님이 세상을 이처럼 사랑하사 독생자를 주셨으니 이는 그를 믿는 자마다 멸망하지 않고 영생을 얻게 하려 하심이라 (요 3:16)

하나님 나라는 누구나 볼 수 있는 그런 나라가 아닙니다. 이렇게 새롭게 태어난 사람들, 오직 주님의 이름으로 세례를 받고 성령의 신비한 능력으로 주님을 나의 구주로 받아들이는 이들이 볼 수 있는 나라입니다. 하나님 나라는 참으로 신비한 나라, 성령의 능력으로 다스려지는 나라, 영원한 생명을 얻게 되는 실제로 존재하는 나라입니다. 하나님 나라를 보는 여러분이 바로 이 신비한 나라의 백성입니다.

하나님 나라는 능력의 나라

유대의 대제사장들과 지도자들은 예수가 행하는 능력을 보고서 매우 놀랐습니다. 그러나 그들은 이 예수를 믿고 따르기는커녕 질투와 시기로 적개심을 가졌습니다. 늘 예수의 과오를 찾기 위해 혈안이 되어 있던 그들은 결국 그를 죽이기로 결의하였습니다. 예수께서 공생애를 사신지 3년째 되던 해 유월절 밤에 예수를 기습적으로 체포하여 심문하였습니다.

　그들은 많은 증인과 많은 말로 예수를 몰아부쳤지만 그를 죽일만한 죄목을 찾지 못하였습니다. 그러자 그들은 당시 유대의 법으로 예수를 죽일 하나의 죄목을 생각해내었는데 그것은 예수가 자신을 하나님의 아들이라고 이야기한다는 것이었습니다. 그러나 이러한 죄목으로는 당시 유대를 지배하던 로마의 법정에서는 사형 선고를 받을 수 없다는 것을 알았습니다. 그래서 그들은 예수님이 자신을 유대인의 왕이라고 주장한다고 하여 로마에 대한 반역죄로 고발하였습니다.

　예수님은 드디어 로마 총독 빌라도 앞에 섰습니다. 빌라도가 예수께 묻습니다. "네가 유대인의 왕이냐?" 빌라도의 질문에 예수께서 이렇게 대답하십니다.

　내 나라는 이 세상에 속한 것이 아니니라 (요 18:36상)

　이 말을 이해할 수 없던 빌라도는 이번에는 "그러면 네가 왕이 아니냐"고 다시 묻자 예수님은 이렇게 분명하게 답해주십니다.

　네 말과 같이 내가 왕이니라 내가 이를 위하여 태어났으며 이를 위하여 세상에 왔나니 곧 진리에 대하여 증언하려 함이로라 무릇 진리에 속한 자는 내 음성을 듣느니라 (요 18:37하)

예수님은 자신의 나라가 이 땅에 속하지 않았지만 분명히 존재하는 나라이며, 자기는 그 나라의 왕이며 그 백성들은 예수가 전한 진리의 말씀을 듣고 믿고 따르는 자들이라고 명백히 말씀하셨습니다.

그러나 빌라도는 예수가 말하는 진리에는 전혀 관심이 없었습니다. 그의 관심은 오직 이 예수가 로마에 반역을 일으켜 자신의 정치적 성공을 방해할 인물인가 하는 것이었습니다. 그는 예수가 로마법상 무죄라는 것을 확신하면서도(요 18:38) 자신의 정치적 이익을 위해 그를 십자가에 못 박도록 내주었습니다(요 19:16).

예수님은 결국 로마법에 의해 십자가를 지고 죽음에 이르게 되었습니다. 예수께서 십자가에 못 박히신 모습을 보고 많은 유대인들이 그를 비웃었습니다.

> 그가 남은 구원하였으되 자기는 구원할 수 없도다 이스라엘의 왕 그리스도가 지금 십자가에서 내려와 우리가 보고 믿게 할지어다 (막 15:31-32)

예수를 십자가 처형에 넘겨주었던 빌라도와 대제사장들, 그리고 십자가에 달린 예수를 비웃던 유대인들은 이후에 어떻게 되었을까요? 역사학자 유세비우스(Eusebius)에 의하면 이 판결 이후 3년도 안 되어 빌라도는 유대인의 민란으로 인해 로마에 소환되어 가던 중 배에서 자결하여 죽었다고 합니다.

로마는 기원후 70년에 예루살렘을 폐허로 만들었습니다.

그때 예루살렘 성전은 형체도 알 수 없을 정도로 부서졌습니다. 헤롯 대왕이 야심차게 건축하던 예루살렘 성전을 향해 "돌 하나도 돌 위에 남지 않고 다 무너뜨려지리라"(막 13:2하)라고 예수께서 예언하신 그대로 이루어진 것입니다. 그때 이후로 유다라는 나라는 사라졌고, 성전이 사라졌기에 제사장 자체가 없어졌습니다. 십자가에 달린 예수를 보며 비웃던 대제사장을 비롯한 유대인들은 다시는 그 성전에서 제사 드리지 못하고 이천 년 동안 나라 없이 떠도는 신세가 되었습니다.

그러나 십자가에 달려 죽으신 주님은, 약속하신 대로 사흘 만에 죽음에서 부활하셨습니다. 인간 역사에서 죽음을 이기는 권세와 능력을 보여준 이는 없습니다. 오직 하나님이신 예수님만이 보여주신 능력입니다. 주님은 죽음을 이기고 부활하심으로 하나님 나라가 얼마나 놀라운 능력을 가진 나라인가를 생생하게 보여주셨습니다.

예수님은 이런 자신의 부활을 알지 못하고, 대제사장들과 유대인들을 두려워하여 문을 닫고 숨어서 떨고 있는 제자들에게 친히 찾아가셨습니다. 그리고 그들이 믿고 따르던 주님이 죽음을 이기는 영원한 생명의 주인이심을 생생하게 보이셨습니다. 그리고 사십 일 동안 그들과 함께 계시며 하나님 나라의 일들을 더 깊이 더 생생하게 가르치시고(행 1:3) 하늘로 올라가셨습니다. 그리고 그 모습을 바라보고 있는 제자들에게 이렇게 말씀 하십니다.

예루살렘을 떠나지 말고 내게서 들은 바 아버지께서 약

속하신 것을 기다리라 요한은 물로 세례를 베풀었으나 너희는 몇 날이 못되어 성령으로 세례를 받으리라 (행 1:4-5)

제자들은 예수님의 말씀대로 예루살렘을 떠나지 않고 모두 함께 모여 기도하였습니다. 그리고 오순절에 마가의 다락방에 모여 기도하던 백이십 명의 제자들에게 하나님의 성령이 임하셨습니다. 이후로 그들은 성령의 강력한 힘으로 온 세상에 하나님 나라를 전파하였습니다. 베드로의 설교로 하루에 삼천 명이 세례를 받았습니다(행 2:41). 단 한 번도 걸어본 적이 없는 마흔 살의 앉은뱅이가 베드로의 명령에 일어나 걷게 되었습니다(행 3:1-10).

사람들은 사도들로 말미암아 일어나는 표적과 기사를 보며 놀라움을 금치 못했습니다. 예수를 믿은 제자들은 자신의 재산과 소유를 팔아 이웃에게 선행을 베풀었습니다. 그들은 날마다 성전에 모여 기쁘게 하나님을 찬미하며 온 백성에게 칭송을 받았습니다. 주님께서는 구원받는 사람들을 날마다 더하게 하셨습니다(행 2:43-47).

당시 서구 세계를 지배하던 로마는 불길처럼 퍼져 나가는 이 도를 전하는 사람들을 잡아다가 옥에 가두고, 검투장으로 보내어 맹수의 밥이 되게 하고, 심지어는 야간에 검투장의 횃불로 삼기도 하였습니다. 그러나 하나님 나라는 조금도 굴하지 않고 더욱 강성해져 갔습니다. 그리하여 칼과 창과 죽음의 공포로 예수 믿는 자들을 박해하던 로마는 결국 사랑과 용서를 전하는 하나님 나라에 무릎을 꿇고 말았습니다. 기원후 313년에 콘스탄티누스 1세는 기독교를 공인된 종교로 선포했습니다. 그리고 380년에 테오도시우스 1세는 기독교를 로마의 국교로 삼았습니다. 근대에는 해가 지지 않는 나라라고 불리던 대영제국의 종교도 기독교였습니다. 현재 세계 최강대국 미국의 대통령은 취임식 때 성경에 손을 얹고 취임 선서를 합니다.

한 줌의 무리도 되지 않는 무식하고 나약한 그의 제자들을 통하여 예수님은 이 땅에 하나님 나라를 세우셨습니다. 그 나라는 이 세상의 온갖 박해와 시련과 죽음 앞에서도 결코 무너지지 않았습니다. 오히려 이 땅 위에 세우신 하나님 나라의 통치가 얼마나 정의롭고 힘이 있는지 이천 년의 역사를 통하여 우리에게 생생하게 보여주었습니다.

참으로 하나님 나라는 놀라운 성령의 능력으로 다스려지는 나라이며, 영원한 생명을 주는 권능의 나라입니다. 여러분이 바로 그 능력의 나라의 백성입니다.

너희는 먼저 그 나라를 구하라

주께서 가르치신 "나라가 임하시오며" 하는 기도는 그저 멋있는 문학적 표현이나 조그만 위로를 주는 종교적 수식어가 아닙니다. 하나님 나라의 강력한 능력과 영광을 보여주는 위대한 기도입니다. 실제로 우리 안에, 우리 가운데 거하는 하나님 나라, 지금 이 순간부터 우리가 죽는 날까지 우리가 의지할 수 있는 하나님 나라가 자신에게 임하기를 구하는 위대하고 놀라운 기도입니다. 그러므로 우리는 우리에게 필요한 것들을 구하기 전에 먼저 이 위대한 나라와 능력이 우리에게 임하기를 간구하여야 합니다.

> 그런즉 너희는 먼저 그의 나라와 그의 의를 구하라 그리 하면 이 모든 것을 너희에게 더하시리라 (마 6:33)

그의 나라, 곧 하나님 나라는 우리 눈에 보이는 나라는 아니지만 분명 존재하는 나라입니다. 물과 성령으로 거듭나는 사람이 들어가는 신비한 나라입니다. 죽음을 이기는 영원한 능력을 지닌 나라입니다. 주님은 지금도 그 능력으로 우리를 지키시며 우리의 기도를 들으십니다. 그러하므로 이 말씀이 바로 우리의 기도여야 합니다. 이 기도를 드리는 여러분에게, 여러분의 자녀들에게, 그리고 여러분의 가정과 직장 위에 하나님 나라와 그 능력이 임하기를 소망합니다.

04

뜻이 하늘에서 이루어진 것 같이

하나님이 우리에게 바라시는 구체적 뜻이 있는가?
우리는 그 뜻을 기억하며 살고 있는가?

우리의 기도와 주님의 기도

지난 시간에 우리는 "나라가 임하시오며" 하는 기도를 통해, 그 나라는 실제로 존재할 뿐만 아니라 우리의 지성과 경험을 넘어서는 신비한 나라이며, 그 능력이 참으로 위대한 나라라는 것을 알게 되었습니다. 그러나 그 기도는 현실 세계에서는 추상적인 의미를 띨 수밖에 없습니다. 왜냐하면 그 나라는 우리가 볼 수 없는, 이 세상에 속하지 않는 나라이기 때문입니다. 그래서 주님은 하나님 나라가 이 땅 위에 임하여 구체적으로 우리의 현재의 삶 속에서 실현되기를 구하는 기도를 우리에게 가르치십니다.

뜻이 하늘에서 이루어진 것 같이 땅에서도 이루어지이

다 (마 6:10)

평소 우리의 기도는 어떻습니까? 우선 내가 바라는 나의 뜻을 아뢰고, 그런 것들이 이루어지기를 간절히 소망합니다. 그리고 그런 것들이 이루어지는 것을 기도의 응답이라고 생각합니다. 그런데 주님은 우리에게 너희의 뜻이 아닌 하늘의 뜻이 이 땅에서 이루어지기를 먼저 구하라고 말씀하십니다. 이것이 바로 우리의 기도와 예수님의 기도의 차이점이며, 주님이 가르치신 기도의 위대함입니다.

하나님의 뜻이란 무엇일까?

교회에 다니면서 가장 많이 들었던 말 가운데 하나가 '하나님의 뜻'이라는 말일 것입니다. 그런데 여러분, 하나님의 뜻이 구체적으로 무엇을 말하는지 설명하실 수 있으십니까? 우리가 아주 익숙하게 사용하는 말인데 막상 설명하려고 보면, 그 말의 구체적 의미는 잘 모르는 경우가 많습니다. 그래서 우리가 기도할 때 너무 쉽게 하나님의 뜻을 말하지만 정작 그 의미는 모르다 보니, 우리의 기도는 허공을 맴도는 기도가 되고 그저 습관적으로 사용하는 의미도 없는 종교적 언어가 되어버린 것은 아닐까요?

"뜻"은 헬라말로 '델레마'라고 합니다. 목적이나 의지, 또는 열망이나 기쁨, 이루고자 원하거나 결심한 것을 의미합니다. 이 단어의 깊은 뜻을 바르게 이해한다면, 우리는 주님께서 하나님의 뜻을 구하라고 가르치시는 이 부분에서 하나님이 자기 나라를 통하여 그 백성에게 주려는 목적, 이루고자 하시는 바가 있다는 것을 알 수 있습니다.

요한복음 3장을 보면 유대인의 관원인 니고데모가 한밤중에 예수님을 찾아오는 장면이 나옵니다. 그는 바리새인으로서 율법을 지켜야 하나님 나라에 들어간다고 믿고 있던 사람이었습니다. 그런 니고데모에게 예수께서는 물과 성령으로 난, 다시 말해 거듭난 사람만이 하나님 나라에 들어갈 수 있다고 말씀하셨습니다. 평생 바리새인으로 살아온 니고데모로서는 선뜻 받아들이기 어려운 이야기였습니다. 그래서 어떻게 그런 일이 가능하냐고 묻자 예수께서는 이렇게 답하셨습니다.

> 우리는 아는 것을 말하고 본 것을 증언하노라 그러나 너희가 우리의 증언을 받지 아니하는도다 (요 3:11)

니고데모에게는 이 거듭남의 비밀이 신비한 일처럼 들릴지 모르지만 이 일은 예수님 자신이 하늘에서 이미 보고 알고 있는 확실한 일이라고 분명히 말씀하십니다. 그리고 이어서 이 일이 어떻게 역사의 한 사건으로 사람들 앞에 드러날 것인지 구체적으로 설명하십니다.

> 내가 땅의 일을 말하여도 너희가 믿지 아니하거든 하물며 하늘의 일을 말하면 어떻게 믿겠느냐 하늘에서 내려온 자

곧 인자 외에는 하늘에 올라간 자가 없느니라 모세가 광
야에서 뱀을 든 것 같이 인자도 들려야 하리니 이는 그를
믿는 자마다 영생을 얻게 하려 하심이니라 (요 3:12-15)

민수기 21장에는 놋뱀 사건이 나옵니다. 출애굽한 이스
라엘 백성의 계속되는 불평에 진노하신 하나님이 불뱀을 보내
백성을 물게 하여 그들을 죽이십니다. 깜짝 놀란 백성들이 잘
못을 뉘우치며 모세에게 자기들을 위해 하나님께 기도해 달라
고 애원합니다. 모세가 기도하자 하나님은 놋으로 뱀 형상을
만들어서 장대에 매달라고 하십니다. 불뱀에 물린 이들이 그
놋뱀을 바라보면 살 것이라고 하셨습니다. 말도 안 되는 이야
기 같지만 실제로 놋뱀을 바라본 이들은 모두 살아났습니다.
예수님은 바로 이 사건을 들어서, 자신이 놋뱀처럼 그렇
게 십자가에 달리게 될 것을 말씀하십니다. 그러면서 자신의
이러한 처참한 죽음을 통하여 하나님이 이루시고자 하는 뜻이
이루어질 것을 말씀하십니다.

하나님이 세상을 이처럼 사랑하사 독생자를 주셨으니
이는 그를 믿는 자마다 멸망하지 않고 영생을 얻게 하려
하심이라 (요 3:16)

하나님의 뜻은 이 세상의 어둠과 고통과 사망의 그늘에서 신음
하는 우리를 위해 자신의 유일한 아들을 이 세상에 보내시어
우리의 모든 죄를 짊어지고 죄인으로 죽게 하시는 것이었습니

다. 하나님의 뜻은 그 하나님의 아들을 믿는 자들이 멸망의 심판을 받지 않고 영원한 생명을 얻게 하는 것이었습니다. 하나님의 뜻이 무엇인지 너무 명확하게 말씀하고 있지 않습니까? 바로 우리를 향한 하나님의 뜻은 우리가 그의 독생자이신 예수 그리스도를 믿는 것이요, 그를 통하여 구원을 받으며 영원한 생명을 얻는 것입니다.

하나님의 뜻을 거부하는 세상

하나님의 뜻은 우리의 심판이 아니라 구원이라고 하십니다(요 3:17). 그리고 이를 위해 그의 아들을 우리에게 보내셨습니다. 그러나 사람들은 이 빛을 외면하고 거부했습니다. 그들은 빛보다 어두움을 더 사랑했습니다. 그 빛을 받아들일 때 자기들의 악한 욕망과 행위가 드러나는 것을 싫어했기 때문입니다. 이들이 계속해서 하나님의 뜻을 거부하면 어떻게 될까요?

그런 이들은 심판을 받습니다(요 3:18). 하나님의 뜻은 구원이지만, 그들은 이런 하나님의 뜻을 외면하고 거부했기 때문에 이 심판은 그들 스스로가 선택한 길이요 그 누구도 원망할 수 없는 정당한 결과입니다.

> 그 정죄는 이것이니 곧 빛이 세상에 왔으되 사람들이 자기 행위가 악하므로 빛보다 어둠을 더 사랑한 것이니라
> (요 3:19)

그들은 빛이 아니라 어둠을 추구합니다. 어둠을 추구하는 이들의 종국은 파멸입니다. 그럼에도 불구하고 그들은 어둠을 즐기며 사랑합니다. 이런 자들에게 내려지는 하나님의 가장 큰 형벌은 그들이 그 욕망 속에 살도록 내버려 두는 것입니다.

> 또한 그들이 마음에 하나님 두기를 싫어하매 하나님께서 그들을 그 상실한 마음대로 내버려 두사 합당하지 못한 일을 하게 하셨으니 (롬 1:28)

이러한 자들은 하나님의 고귀한 뜻과는 너무 다른 어두운 욕망과 비참한 상태에 계속 머무릅니다.

> 곧 모든 불의, 추악, 탐욕, 악의가 가득한 자요 시기, 살인, 분쟁, 사기, 악독이 가득한 자요 수군수군하는 자요 비방하는 자요 하나님께서 미워하시는 자요 능욕하는 자요 교만한 자요 자랑하는 자요 악을 도모하는 자요 부모를 거역하는 자요 우매한 자요 배약하는 자요 무정한 자요 무자비한 자라 (롬 1:29-31)

이처럼 그들의 마음은 욕망과 불의로 가득하지만, 그들은 결코 돌아서지 않습니다. 그뿐 아니라 이미 그 마음이 굳어져서 오히려 그런 악을 조장하는 자들이 되어 버립니다.

욕망 자체가 잘못된 것은 아닙니다. 인간에게는 누구나 욕망이 있습니다. 하나님께서 인간을 그렇게 욕망을 가진 존재로 지으셨습니다. 우리가 하나님의 뜻 안에서 제대로 욕망할 때, 그 욕망은 우리에게 행복을 줍니다. 문제는 우리의 욕망이 하나님의 뜻을 넘어설 때 발생합니다. 처음에는 그 욕망을 통해 약간의 기쁨을 느낄지 모르지만 종국에는 그 욕망이 자신의 주인이 되어 우리를 놓아주지 않게 됩니다.

마약 중독자들은 마약 기운이 떨어지면 금단 현상을 겪습니다. 이런 이야기를 들은 적이 있습니다. 약 기운이 떨어지면 남들 눈에는 보이지도 않는 벌레가 자기의 살을 파고드는 끔찍한 환상을 실제처럼 느끼게 되고, 결국 주위의 모든 물건들로 자기의 살을 파고 있는 자신을 보게 된다고 합니다. 얼마나 끔찍합니까? 중독자 자신도 얼마나 이 중독에서 벗어나고 싶겠습니까? 그러나 쉽게 벗어나지 못합니다. 마약사범의 재범율이 70%가 넘는다고 합니다.

가정폭력의 많은 부분이 알콜 중독 때문에 일어난다고 합니다. 그저 한 잔, 두 잔으로 시작한 술 때문에 사랑하는 아내와 자식들을 모두 불행에 빠뜨리는 것입니다. 또 우리는 도박으로 인해 재산을 탕진하고, 가정이 파탄나고, 직장에서도 쫓겨났다는 이야기를 심심치 않게 듣습니다. 그래서 다시는 도박을 하지 않겠다고 손가락을 잘라도 못 고친다고 합니다. 권력을 가진 자는 자신의 권력욕 때문에 한 나라를 비극으로 몰고 갑니다. 돈에 대한 집착으로 친한 친구들 사이에, 심지어 형제들 사이에 심각한 불화가 생기고 더 심한 경우 살인이 일어나기도 합니다. 우리가 사소하게 여기는 미움과 시기가 친구 사이를 갈라놓고 부부 사이에 이별을 가져옵니다.

이렇게 욕망이 하나님의 뜻을 대신하여 우리를 지배하게 되면 그 사람은 결국 후회와 절망 속에 생을 마감하게 되고, 마침내 비참한 상태로 하나님의 심판대 앞에 서게 될 것입니다.

> 하나님이 그 아들을 세상에 보내신 것은 세상을 심판하려 하심이 아니요 그로 말미암아 세상이 구원을 받게 하려 하심이라 (요 3:17)

하나님의 뜻은 심판이 아니라 구원입니다. 하나님은 우리 모두가 이 영원한 형벌을 피하기를 바라십니다. 예수를 믿어 서로 사랑하며 용서하며 구원과 영생 얻기를 간절히 바라십니다.

십자가 앞에서 다시 태어나는 기도

하나님은 당신의 뜻을 이루기 위해 그의 아들을 십자가에 못 박아 죽이심으로 우리가 영생을 얻는 길을 여셨습니다. 그리하여 그를 믿는 사람이라면 누구든지 영생에 들어가게 하셨습니다.

> 내 아버지의 뜻은 아들을 보고 믿는 자마다 영생을 얻는 이것이니 마지막 날에 내가 이를 다시 살리리라 하시니라 (요 6:40)

그렇다면 영생이란 무엇일까요? 단순히 죽지 않고 오래도록 사는 것이 영생일까요? 인생에는 질병과 사고로 말미암은 고통이 늘 존재한다는 사실을 우리는 알고 있습니다. 이런 고통을 계속 겪으면서 단지 오래 사는 것이 영생이라면 우리는 이것을 우리가 추구해야 할 종국적인 선으로 받아들일 수 없고 그것을 참된 행복이라 부를 수는 없을 것입니다.

성경에서 영생은 영어로 eternal life라고 합니다. 곧 인간이 추구하는 종국적인 삶, 정말 살아 있다는 느낌을 갖는 참된 평화와 충족감을 누리는 삶, 하나님이 함께하는 편안함과 기쁨을 누리는 삶, 그리고 이 땅의 생명이 다하는 날에 영원한 하나님 나라에서 누리는 안식을 의미합니다.

어떤 이들이 이러한 영생을 누립니까? 바로 하나님이 보내신 그의 아들 예수를 믿으며 그의 뜻에 따라 살아가는 사람들입니다. 그들에게는 이 영원한 약속이 주어집니다. 이 영생은 인간의 의지나 노력으로 되는 것이 아니라 오직 우리 안에서 물과 성령으로 거듭날 때 경험하게 되는 신비입니다.

우리는 하나님의 뜻을 따라 사는 것이 이렇게 좋은 줄을 잘 압니다. 그러나 그 길을 따라가는 것이 결코 쉽지 않습니다. 왜냐하면 우리의 마음에는 늘 세상을 향한 욕망이 살아있기 때문이며, 우리를 그 어둠의 세력으로 끌고 가는 악한 영의 유혹이 항상 있기 때문입니다. 하나님의 뜻이 이루어지지 않도록 집요하게 방해하는 세력이 분명히 있습니다.

너희 대적 마귀가 우는 사자 같이 두루 다니며 삼킬 자

를 찾나니 (벧전 5:8하)

2016년 2월에 우리를 경악하게 만드는 뉴스가 보도되었습니다. 어떤 목사가 중학교 1학년생인 딸을 살해하고, 죽은 시신을 11개월 동안이나 자기 집 방안에 방치해두었다는 것입니다. 처음에 저는 이 뉴스를 접하면서 어떤 사이비 목사겠지 하고 생각했습니다. 그러나 이 사람은 한국의 정통 교단에서 안수를 받고 부천에서 정식으로 목회를 하시는 분이며, 독일에서 박사 학위를 받고 많은 신학 논문을 낸 신학대 교수였습니다.

그는 독일에서 공부할 때 아내가 암으로 사망하는 아픈 상처를 가지고 있었습니다. 한국에 돌아와 모교에서 강의를 하던 중 평생교육원에서 그의 수업을 듣던 백 모씨와 2009년에 재혼했습니다. 그런데 백 모씨와 전처 자식들 간에 갈등이 심했습니다. 그래서 큰 딸은 독일로 가고, 아들은 아예 집밖에서 생활을 했습니다. 유일하게 동거하던 막내딸은 가출을 일삼았다고 합니다.

사고 당일도 가출했다가 귀가한 막내딸을 친부인 목사와 계모 백씨, 그리고 백씨의 여동생까지 합세하여 빗자루, 빨래 건조대, 쇠몽둥이 등으로 무려 다섯 시간 동안이나 폭행을 했다고 합니다. 그리고 딸아이가 죽자 이불을 덮어두고 방향제를 뿌려가면서 시신을 방치한 것입니다. 이 목사는 경찰 조사에서 기도하면 딸이 부활할 것이라 믿고 촛불을 켜놓고 기도했다고 진술했습니다. 이 소식을 접한 많은 네티즌들은 사이비, 광신자, 개독교 등 온통 비난의 글을 줄줄이 달았습니다.

그러나 저는 이 소식을 접하면서 이분에 대한 안타까운 마음이 들어 많은 생각을 하게 되었습니다. 설마 목회자가 되겠다고 결심한 사람이 질적으로 나쁜 사람이겠습니까? 먼 독일까지 가서 박사 학위를 받은 사람이 무식한 사람이겠습니까? 경찰 조사 결과 그는 반사회적 인격 장애를 가진 사이코패스 성향도 없었고, 성장기에 부모로부터 학대 받은 사실도 없었습니다. 정신과 치료를 받은 전력도 없었습니다. 그는 지극히 정상적인 사람이었습니다. 강의실에서 그의 수업을 들었던 학생들은 하나같이 그가 개그맨을 뺨칠 정도로 농담도 잘했다고 했습니다.

그런 사람이 이런 끔직한 범죄를 저질렀습니다. 그리고 딸의 시신을 방에 방치한 채 설교 대회에도 참석을 하고, 은사의 출판기념회를 공동으로 주관도 하면서 아무런 내색 없이 정상적으로 행동을 했다고 합니다.

결과적으로 본다면 그의 높은 신학적 지성과 교양은 이런 끔직한 범죄를 막는데 아무런 도움도 주지 못했습니다. 그는 분노에 사로잡혔고, 다시는 돌이킬 수 없는 비참한 결과를 가져왔습니다. 사랑하는 딸이 순식간에 시신으로 변해버린 것입니다.

그가 이 경악할 현실 앞에서 얼마나 간절히 하나님께 무릎을 꿇고 이 딸을 살려달라고 기도했을까, 그 고통과 두려움이 얼마나 컸을까, 저는 이런 안타까운 생각이 들어 너무 마음이 아팠습니다. 그는 사랑했던 자녀를 잃었습니다. 그가 평생 수고하며 애썼던 모든 업적이 물거품처럼 무너졌습니다. 이 사회에서 영원히 지울 수 없는 범죄자가 되어버렸습니다.

　이런 것이 비단 이 목사만의 문제일까요? 밖으로 드러나지 않았을 뿐이지 사람 안에는 다 악마적 본성이 잠재되어 있습니다. 그것이 바로 악한 영의 세력이고, 어둠의 세력입니다. 그 힘은 우리의 통제 능력 바깥에 있습니다. 그 교묘함은 우리의 지성을 능가합니다. 그 끈질김은 우리의 의지를 능가합니다. 그래서 하나님의 뜻으로 자신을 다스리지 못하면 우리는 그 주인 자리를 욕망에게 내주고, 순식간에 타락의 길로, 절망의 나락으로 떨어지기 쉬운 존재들입니다.

　그러면 우리는 어떻게 살아야 할까요? 바울 사도는 이렇게 고백합니다.

> 형제들아 내가 그리스도 예수 우리 주 안에서 가진 바 너희에 대한 나의 자랑을 두고 단언하노니 나는 날마다 죽노라 (고전 15:31)

바울 사도는 우리가 선하고 강하여 이 신앙을 유지하는 것이 아니라고 합니다. 나의 약함과 악함을 인정하고 그 모든 것을 십자가 앞에 내려놓고 매일 자아를 죽이는 삶을 살아야 한다고 합니다. 그것이 아니면 우리 안에 하나님의 뜻이 온전히 이루어질 수 없다고 고백하는 것입니다. 이렇게 날마다 자신을 죽이는 삶을 사는 것이 자기의 자랑이라고 고백하고 있습니다.

　우리에게도 이런 기도가 필요합니다. 우리는 십자가 앞에서 매일 자신을 죽임으로 말미암아 매일 새롭게 태어납니다.

하나님의 뜻이 이 땅에서 나에게도 이루어지게 됩니다.

가장 완전한 기도

이런 기도를 가장 온전하게 드린 분이 있습니다. 바로 우리 주 예수 그리스도이십니다. 예수님은 십자가에 달리시기 전날 밤에 제자들과 유월절 만찬을 즐기시고 겟세마네 동산으로 가셔서 기도하셨습니다. 그분은 이제 자신이 죽을 때가 되었음을 아셨습니다. 그 죽음이 얼마나 모욕적이며 비참한지를 아셨습니다. 그래서 그 고난의 잔이 자기에게서 지나가기를 간절히 원하셨습니다. 그 기도가 얼마나 간절하며 고통스러웠는지, 흘리는 땀이 핏방울 같이 되었습니다(눅 22:44). 그러나 주님은 자신의 뜻이 아니라 하나님의 뜻이 이루어지기를 구하셨습니다.

> 아버지여 만일 아버지의 뜻이거든 이 잔을 내게서 옮기시옵소서 그러나 내 원대로 마시옵고 아버지의 원대로 되기를 원하나이다 (눅 22:42)

주님은 이 기도를 드림으로 마지막까지 하나님의 뜻을 온전히 이루셨습니다. 그로 말미암아 죽음의 권세를 이기고 부활의 승리를 이루셨습니다. 죄와 사망의 그늘에 있던 우리를 살리셨습니다. 주를 믿는 우리 모두에게 참 소망과 영원한 생명을 주셨습니다.
　　바울 사도는 박해로 인해 시련에 빠진 데살로니가 교회에 주님의 위로를 전합니다.

> 항상 기뻐하라 쉬지 말고 기도하라 범사에 감사하라 이
> 것이 그리스도 예수 안에서 너희를 향하신 하나님의 뜻
> 이니라 (살전 5:16)

주님은 우리가 주님의 이름을 믿음으로 하나님께로부터 오는
구원과 영원한 생명을 소유하기를 바라십니다. 그 기쁨과 소망
을 통해 어떠한 역경에서도 항상 기뻐하고, 쉬지 않고 기도하
며, 모든 일에 감사하며 살기를 바라십니다. 단순히 그렇게 살
아야 한다는 말씀이 아니라, 하나님께서 우리로 하여금 그런
삶을 살 수 있도록 하겠다고 하십니다. 그것이 하나님의 뜻입
니다.

우리는 살아가면서 우리의 부족함 때문에 현실의 유혹에
넘어지고, 때로는 좌절하고 주저앉고 싶을 때가 많습니다. 그
럴 때에도 우리의 욕망과 감정에 자신을 맡기지 않고 하나님의
뜻과 능력이 자신을 주관하기를 바라며 간절히 기도해야 합니
다. 하나님이 원하시고 기뻐하시는 뜻이 나의 모든 생각과 행
동을 온전히 주관하도록 늘 기도하여야 합니다.

우리는 기도의 능력을 믿습니다. 하나님께서 우리의 기
도에 응답하실 줄 굳게 믿습니다. 왜냐하면 그 기도를 들으시
는 하나님은 선하고 온전한 길로 우리를 인도하시는 능력과 사
랑이 충만한 우리의 아버지이시기 때문입니다. 왜냐하면 우리
에게 그 기도를 가르치신 분이 바로 핏방울 같은 땀을 흘리며

　　　　　　　　04 뜻이 하늘에서 이루어진 것 같이

간절히 그 기도를 하나님께 드린 분이시기 때문입니다.

이와 같이 기도하면서 살고자 하는 여러분에게 말할 수 없는 성령의 강력한 힘이 함께하실 것입니다. 여러분이 상상할 수 없었던 삶, 하나님의 뜻이 우리 안에서 시작되고 열매를 맺는 놀라운 인생을 살게 될 것입니다. 그 놀라운 경험이 바로 여러분의 신앙을 살아있는 신앙으로 만드는 원동력이 될 것입니다.

05

오늘 우리에게 일용할 양식을 주시옵고

신앙은 하늘에 속한 신비만을 추구하는 것인가?

하나님은 현실에서 어떻게 우리의 기도에 응답하시는가?

삶과 신앙이 하나 되는 기도

주기도문은 "하늘에 계신 우리 아버지"를 부름으로 기도를 시작합니다. 우리의 기도를 들으시는 분이 우리의 아버지시라는 것입니다. 이어지는 첫 번째 간구는 "이름이 거룩히 여김을 받으시오며"입니다. 그분의 거룩함이 우리의 신앙과 삶 속에서 늘 높임을 받도록 힘써야 하며, 우리가 드리는 기도가 바로 그 이름을 높이는 기도여야 한다는 것입니다.

두 번째와 세 번째 간구는 "나라가 임하시오며", "뜻이 하늘에서 이루어진 것 같이 땅에서도 이루어지이다"였습니다. 하나님 나라는 하나님의 뜻에 의해 다스려지는 실재하는 나라입니다. 그 하나님 나라가 우리가 사는 이 땅에서도 이루어지도록 간구하고 소망하며 그렇게 살도록 기도해야 한다는 것입니다.

주기도문을 이렇게만 이해한다면, 이 기도는 하나님만 바라보며 사는 참으로 멋있고 고고한 이들의 것이라는 생각을 하게 됩니다. 그러나 이 땅에서 현실을 살아가는 우리들에게는 당장 하루하루 필요한 것들이 눈에 보입니다. 하나님을 알고 하나님을 높여드리는 것보다 당장 내 눈앞에 있는 현실이 더 급해 보입니다. 이런 현실적 필요를 채우지 않고도 우리가 고고한 신앙인으로 살 수 있다면 얼마나 좋겠습니까만 그것이 불가능하다는 것을 우리는 잘 알고 있습니다.

그런데 신앙을 이런 일상의 소소한 것들과는 관계가 없는 아주 고상한 것으로 여기고 행동하는 사람들이 참 많습니다. 그들은 뭔가 세속에서 벗어나 이슬만 먹고 사는 듯한 고고한 모습, 삶의 작은 문제들에는 신경을 쓰지 않는 듯한 초연한 자세, 그리고 남들이 존경할만한 신앙에 대한 열정과 헌신이 신앙의 참모습이라고 생각하고, 그런 신앙을 드러내려고 합니다.

이렇게 현실과 신앙을 분리하여 사는 신앙의 태도를 성속이원론이라고 합니다. 이러한 사상은 기독교의 탄생 전부터 플라톤을 중심으로 한 그리스 철학의 영향을 받아 초기 기독교에서 뿐만 아니라 지금까지 다양하게 우리의 신앙에 영향을 주고 있는 아주 위험한 생각입니다. 이들은 육과 물질, 곧 이 세상의 삶은 하찮은 것이며 정말 선하고 귀한 것은 영과 정신의 세상, 곧 하늘에 있는 것들이라고 생각했습니다. 그래서 이들은 종교의 초월성과 신비성에 집착하였고, 손으로 일하는 것을 매우 천하게 여겼습니다. 노동은 노예들이 하는 하찮은 것으로 무시하였습니다. 그들은 일하지 않고 이슬만 먹고 사는 사람처럼 행동했습니다.

이러한 성속이원론은 초대교회에만 있었던 독특한 사상이 아닙니다. 각 시대와 장소마다 그리고 지금까지 여전히 교회 내에 존재하고 있는 뿌리 깊은 위험한 신앙입니다. 무엇보다 이 성속이원론이 위험한 것은 교회 내에 이러한 사람들이 존경을 받고 마치 그것이 높은 수준의 신앙으로 오해 받기 쉽다는 것입니다. 그래서 이미 성경에서 사도들은 이러한 신앙의 태도에 대하여 심각하게 경고를 하였습니다.

누구든지 일하기 싫어하거든 먹지도 말게 하라 (살후 3:10하)

지금도 우리는 너무나 쉽게 이런 성속이원론의 유혹에 빠집니다. 이런 것이 신앙의 참모습이라고 생각되면 자신의 현실적인 문제들은 하찮은 문제로 보입니다. 그래서 이런 일에 신경 쓰지 않고 날마다 성경 읽고 기도만 하며 살 수 있기를 내심 기대합니다. 그러면서 자신의 현실의 모든 문제들은, 자기 손에 흙 묻히지 않고 구정물에 손 담그지 않고 오직 신의 신비한 능력으로 한꺼번에 모두 해결되기를 기대합니다.

그러나 주님은 주기도문의 네 번째 간구에서 이렇게 기도하라고 분명히 가르치십니다. 너희는 "오늘 우리에게 일용할 양식을 주시옵고"라고, 이렇게 이 세상에서 우리에게 필요한 일상의 것들을 구하라고 하십니다. 주님은 날마다 우리에게 필요한 것들이 있다는 것을 아셨습니다. 그리고 그 하루의 양식이 하나님께 구하여야 할만큼 가치있는 것이라고 가르치십니다. 하나님은 오늘의 삶에 꼭 필요한 양식을 위해 드리는 간절한 기도를 듣기 원하십니다. 주님은 이 주기도문을 통하여 우리의 신앙과 삶은 결코 분리되지 않고 모두 하나님께 기도할 가치 있는 일이라고 분명하게 말씀하십니다.

"일용할"이라는 단어는 헬라말로 '에피우시온'입니다. 생존에 필요한 것들이라는 뜻인데, 먹는 것뿐 아니라 입을 것, 잠자리, 사소한 걱정거리들까지 모두 포함하는 단어입니다. 하나님께서는 이러한 모든 것들이 가치가 있음을 인정하시고, 우리의 이러한 필요를 채워주기를 바라십니다. 그러므로 우리는 일상에서 부딪치는 "일용할 양식" 문제에서 낙심하지 말고 오늘 하루에 필요한 것들을 위해 기도해야 합니다.

지금은 우리나라의 경제적 여건이 좋아져서 구걸하는 사람들이 거의 없습니다. 그러나 불과 몇십 년 전만 해도 식사 시간이면 깡통을 들고 대문 밖에 서서 "밥 좀 주쇼" 하고 구걸하는 사람들이 있었습니다. 어린 시절 한 가족이 함께 문밖에 서서 한 끼의 식사를 구걸하던 모습을 본 기억이 아직도 생생합니다. 이런 이야기를 하면 지금의 학생들은 "진짜예요? 우리 웃기려고 그러죠?" 하고 반문합니다. 그러나 우리나라에도 그런 시절이 분명히 있었습니다.

지금도 전쟁과 자연재해 등으로 인해 세계 곳곳에서 이 한 끼의 식사를 위해 간절히 기도하는 사람들이 있습니다. 지금 당장 먹을 것은 없는데, 아이들은 배고프다고 울고 있는 그 현장에서 간절히 간구하는 어머니의 애타는 기도, 주님은 그들의 간절하고 절박한 기도를 들으시고 응답하시겠다고 약속하십니다. 오늘 너희에게 꼭 필요한 양식을 너희 아버지께 구하라, 너희 하늘 아버지께서는 너의 그 간절한 기도를 결코 외면하지 않으신다, 이렇게 약속하십니다.

우리가 미처 기억하지 못했던 기도

저는 어려서부터 교회에 다니면서 선생님들께 성경에 나온 많은 기적 이야기를 들었습니다. 하늘에서 내려온 만나 이야기, 갈멜산에 숨어 살던 엘리야에게 까마귀가 먹을 것을 물어다 준 이야기, 엘리야를 대접했던 사르밧 과부의 마르지 않고 계속 나오는 밀가루통과 기름병 이야기 등등 수없이 많은 신기한 기적들 말입니다. 아마도 성경의 이런 기적들은 어린 우리들에게 쉽게 들려줄 수 있는 스토리를 가지고 있었기 때문에 선생님들이 많이 이야기하셨을 것입니다.

그러나 나이가 좀 더 들은 후에 부흥회에 가서도 여전히 우리는 그런 기적을 가르치는 설교를 많이 듣게 되었습니다. 누구누구가 아주 훌륭한 신앙을 가졌는데 밤새 부르짖었더니 도저히 안 될 문제가 기적적으로 풀려서 이제 큰 성공을 거두었다, 큰 부자가 되었다는 식의 이야기들이었습니다. 이런 이야기를 계속 들으면 마치 우리가 기도만 하면, 신앙만 바르게 가지면 우리의 모든 먹고 사는 문제가 해결될 것 같다고 생각하게 됩니다.

그런데 정말 우리가 기도만 하면 하늘에서 빵보따리가

내려옵니까? 밥이 내려옵니까? 여러분은 일상의 삶에서 그런 일을 자주 경험하셨습니까? 혹여 있다고 하더라도 흔한 경험은 아닐 것입니다. 그렇다면 우리가 처한 현실의 문제를 하나님은 어떻게 해결하실까요? 다시 말해서 오늘 주님이 우리에게 가르치신 기도 '우리에게 일용할 양식을 주시라'는 이 기도에 하나님은 우리가 살아가는 실존의 세계에서 어떻게 응답해 나가실까요?

장로교 정통 보수신앙을 어려서부터 배우고 자란 저에게 이 문제는 늘 해결되지 못한 어려운 숙제였고 부족하지만 이렇게 정리하는 데까지 적어도 3~40년은 족히 걸린 것 같습니다.

저는 육남매 중 막내로 태어났습니다. 저희 아버지는 중견공무원이셔서 그 당시에 그런대로 우리 형제들이 먹고 살며 학교에 다닐 수 있는 형편은 되었습니다. 그런데 제가 초등학교 5학년 때 아버지가 퇴직을 하셨습니다. 그때는 지금처럼 연금 형태가 아니라 일시금으로 퇴직금을 받을 때였습니다. 그래서 공무원 퇴직자들이 아무런 경험 없이 일을 벌이다가 그 퇴직금을 다 날리는 일이 많았습니다. 저희 아버지도 퇴직 2년 만에 그런 일을 당하셨습니다. 말하자면 쫄딱 망한 것입니다.

저는 중학생 때는 전교 2등보다 1등을 더 많이 했는데, 고등학교는 다니지 못하고 검정고시를 치러야 했습니다. 그때부터 자전거로 배달을 다니는 등 아르바이트를 하면서 고학(苦學)을 해서 흔히들 말하는 일류대를 거쳐 여기까지 공부를 하게 되었습니다. 그러면서 현실적으로 하루하루 필요한 것들이 늘 부족했던 환경 속에서 힘쓰시고 애쓰시는 부모님의 모습과 그럼에도 불구하고 늘 기도하시던 모습을 아주 오랜 시간 보아왔습니다.

이런 경험이 우리가 어린 시절부터 들어왔던 신앙에 대해 많은 의문과 성찰을 하는 계기가 되었습니다. 제가 만약 이런 고생 없이 이 모든 공부를 마쳤다면 "우리에게 일용할 양식을 주시옵고"라는 이 간구가 지금처럼 제 마음에 깊은 울림과 감동을 줄 수 있었을까 하는 생각이 듭니다.

요즘 제가 성도들의 가정 심방을 하면서 그분들이 겪은 여러 이야기들을 듣게 되었습니다. 우리 교회 교인들 중에는 요즘말로 금수저, 은수저가 없습니다. 대부분이 흙수저이거나 아니면 아예 수저도 없이 나무젓가락 하나 가지고 살아오기도 하셨습니다.

어떤 권사님은 삼십 대 초반의 젊은 나이에 남편을 여의고, 아직 나이 어린 세 아이를 홀로 키워야 했습니다. 어떻게 살아야 할지 앞이 깜깜한 시간들 속에 어느날 정신을 차리고 보니 자녀들이 모두 사춘기를 지나고 있더랍니다. 그 십 년의 세월이 어떻게 지나갔는지 본인도 모르게 오직 하루하루를 앞만 보고 살아오신 것입니다.

어떤 여자 집사님은 여섯 살 때 어머님이 돌아가시면서 아버님은 재혼을 하시고, 자신은 외가 친척의 집에서, 그때 두 살이었던 여동생은 낯선 어느 교회 전도사님의 손에서 양육을 받으며 자랐다고 합니다. 어떤 권사님은 아이들이 여섯 살, 네 살 무렵 교통사고를 당하여서 그때부터 삼십 년 이상을 하반신은 전혀 쓰지 못하고 지금까지 휠체어를 타고 지내십니다.

어느 권사님, 장로님 부부는 20여년 전 고등학교 3학년 생이었던 아들이 수능을 준비하다가 갑자기 골수암에 걸렸다고 합니다. 그때 치료비만 일주일에 몇백만원씩 나왔는데, 당시 그 병은 보험 혜택도 받을 수 없는 병이어서 택시 운전으로 생계를 이어가시던 두 분이 감당하기에는 너무 큰 부담이었습니다. 그런데 병원에서는 치료비를 제때 챙기지 못하면 바로 링거를 뽑고 아이의 치료를 중단해 버렸습니다. 이러한 냉정한 현실 앞에서 두 분은 아이를 치료하기 위해 하루하루 앞이 보이지 않는 긴 고통의 시간을 보내야 했는데, 그마저도 치료가 잘 되지 않아 아들을 먼저 하늘 나라로 보내야 했다고 합니다.

이런 이야기들을 들으면 그분들이 겪었던 큰 아픔이 제 마음에 절절히 느껴집니다. 그러면서도 마음 한편에는 이런 생각이 분명히 듭니다. 우리가 어떻게 그 칠흑같이 어두운 긴 시간을 견디고 아직도 주님을 찬양하며 주님의 신실한 종으로 살고 있을까? 그리고 우리의 그 어려웠던 과거와 현재의 나를 여전히 이어주는 하나님의 따뜻한 손길이 있었음을 다시 기억합니다.

그렇습니다. 세월이 많이 지난 지금, 우리는 그때 드렸던 기도를 다 잊어버렸는지도 모릅니다. 그러나 분명히 그때 우리가 절망 속에 드린 그 모든 기도를 다 들으시며, 그 암울한 시간 동안 우리에게 절실한 한끼 한끼의 일용할 양식을 챙겨주신 분이 계셨습니다. 그분이 바로 우리가 믿는 우리의 아버지 하나님이십니다.

하나님이 여러분의 기도를 들으시는 아버지라는 믿음을 가지고 여러분의 지난날을 다시 돌아보면 분명히 보이는 사실이 있습니다. 여러분이 그때 드렸던 기도는 아무 의미 없는 하소연이 아니었다는 것입니다. 그 기도는 하나님 아버지가 우리를 지켜주시고, 매일 매일 돌보시게 하는 살아있는 기도였습니다.

주님은 "우리에게 일용할 양식을 주시옵고" 하는 이 기도를 통해 우리에게 이렇게 말씀하십니다. '나는 오늘도 너의 고통을 너와 같이 느끼고 있다. 너의 기도를 잊지 않고 너의 매일 매일의 필요를 준비하고 해결하고 있다'라고 말입니다.

하루의 양식을 주시는 하나님의 방법

성경에는 분명히 사람의 능력으로 할 수 없고, 이성으로 이해할 수 없는 신비한 일들이 일어난 기록들이 많습니다. 우리는 그 성경의 기록을 의심 없이 믿습니다. 그렇다면 성경은 그 기적적인 방법들이 지금도 그때와 똑같은 방식으로 일어난다고 보장할까요? 우리의 현실 속에서 하나님은 지금도 그런 방식으로 우리의 기도에 응답하실까요?

성경 중에 하나님께서 직접 모세와 그의 백성들에게 주신 말씀이 있는데, 바로 십계명입니다(출 34:28). 이 십계명은 하나님을 믿는 사람들이 배우고 지켜야 할 신앙과 삶의 기본이 되는 말씀입니다. 처음 세 계명은 하나님에 대한 바른 태도를 가르칩니다. 그들에게 나타나신 참 하나님이 아닌 어리석은 우상을 만들거나 섬기지 말라는 것입니다. 그리고 이어서 네 번째 계명이 나옵니다.

안식일을 기억하여 거룩하게 지키라 (출 20:8)

우리는 지금까지 이 네 번째 계명을 생각할 때 안식일에 초점을 두어 주일을 경건하게 잘 지키려 노력해왔고 또한 그렇게 가르침을 받아왔습니다. 그런데 이 계명의 앞뒤 문맥을 살펴보면 우리가 지키는 안식일 전에 6일 동안 해야 할 일이 있다는 것을 알 수 있습니다. 하나님이 그 엿새 동안 힘써 일하라고 말씀하셨기 때문입니다.

> 엿새 동안은 힘써 네 모든 일을 행할 것이나 일곱째 날은 네 하나님 여호와의 안식일인즉 너나 네 아들이나 네 딸이나 네 남종이나 네 여종이나 네 가축이나 네 문안에 머무는 객이라도 아무 일도 하지 말라 이는 엿새 동안에 나 여호와가 하늘과 땅과 바다와 그 가운데 모든 것을 만들고 일곱째 날에 쉬었음이라 그러므로 나 여호와가 안식일을 복되게 하여 그 날을 거룩하게 하였느니라 (출 20:9-11)

하나님 자신이 엿새 동안 일하시고 일곱째 날에 쉬셨으므로 하나님의 형상을 닮은 인간도 그렇게 엿새 동안은 열심히 일하고, 일곱째 날은 편안한 안식을 누리며 쉬라는 것입니다. 이 말씀에서 우리는 엿새 동안 일하는 것이 바로 하나님의 형상을 닮은 존재가 행하는 고귀한 일이라는 것을 알 수 있습니다. 그리고 그렇게 일한 이후에 오는 일곱째 날은 잘 쉬면서 더 귀한 하

나님의 말씀으로 영혼의 양식을 얻는 귀한 존재로 대하시며 축
복하시겠다는 약속이 바로 일곱째 계명입니다.

이 계명을 주신 분은 당시 최강대국인 애굽에서 노예 생
활하던 이스라엘 백성을 불러내어 가나안 땅으로 들여보내기
까지 40년 동안 광야에서 그들을 먹이신 분입니다. 당시 이스
라엘 백성의 숫자를 학자들은 200만 명으로 추정합니다(참고:
민 1:46). 애굽에서 아무리 많은 양식을 가지고 나왔다고 해도
200만 명이 40년 동안 먹을 수는 없습니다. 사막에서는 농사
를 지을 수도 없었습니다. 이런 이스라엘이 어떻게 그 40년을
굶어 죽지 않고 살 수 있었을까요?

> 사람이 사는 땅에 이르기까지 이스라엘 자손이 사십 년
> 동안 만나를 먹었으니 곧 가나안 땅 접경에 이르기까지
> 그들이 만나를 먹었더라 (출 16:35)

하나님께서 하늘에서 내리는 만나라는 신비한 방법으로 그들
을 먹이신 것입니다. 참 놀라운 능력의 하나님이셨습니다. 그
런데 그들이 가나안 땅에 들어가자 더 이상 만나가 내리지 않
았습니다. 이제부터 그들은 가나안 땅에서 직접 경작하여 그
소산물을 먹어야 했습니다.

> 또 그 땅의 소산물을 먹은 다음 날에 만나가 그쳤으니
> 이스라엘 사람들이 다시는 만나를 얻지 못하였고 그 해
> 에 가나안 땅의 소출을 먹었더라 (수 5:12)

하나님은 스스로의 능력으로는 도저히 살아남을 수 없는 광야에서는 친히 매일매일 하늘에서 만나를 내려 이스라엘 백성에게 일용할 양식을 주셨습니다. 그리고 그들이 가나안 땅에 들어와서는 그들에게 일할 수 있는 삶의 터전을 주시고 이제 그곳에서 열심히 일하여 추수하여 얻은 곡식을 먹게 하셨습니다.

이제 그들은 하늘에서 내리는 만나를 기다리는 삶이 아닌 스스로 먹을 것을 일구어 먹는 삶을 살게 하십니다. 그렇게 엿새 동안 열심히 일하고, 이레 되는 날에는 그 노동을 쉬면서 우리에게 일용할 양식을 주시는 분은 우리 자신이 아니라 하나님이라는 사실을 고백하게 하십니다. 거룩한 날을 통하여 하나님이 주시는 안식을 누리게 하시고, 마지막 날 하나님께서 허락하실 영원한 안식을 바라보게 하십니다.

예수님은 "내 아버지께서 이제까지 일하시니 나도 일한다"(요 5:17)고 하셨습니다. 그러므로 우리가 먹을 것을 위해 열심히 일하는 것은 부끄럽거나 천한 일이 아닙니다. 하나님께서 가나안 땅에 입성한 이스라엘에게 명하신 바이고, 오늘을 사는 우리에게 주신 참으로 귀한 사명이며 또한 축복의 통로입니다. 하나님께서는 그러한 우리의 수고를 통해 일용할 양식을 주십니다. 그리고 우리는 안식일에 노동을 쉬면서, 우리에게 일용할 양식을 주시는 분은 하나님이시라는 것을 믿음으로 고백하며 감사의 기도를 드릴 수 있습니다.

타인의 일용할 양식을 구하는 기도

우리가 가난했던 시절에 사람들은 눈물을 흘리며 이 기도를 드렸습니다. 한 끼의 식사가 절박한 현실에서 드린 기도였기 때문입니다. 그러나 그때에 비해 너무나 많이 부유해지고 풍족한 현실에서는 한 끼의 식사를 위해 이런 절박한 기도를 드리기가 쉽지 않습니다. 그래서 지금은 이렇게 아름다운 기도가 이미 하늘에 들리지 않을 수 있습니다.

우리 자신의 형편은 그때보다 나아졌을지 몰라도 우리가 사는 현실에는 여전히 궁핍한 형편에 처한 사람들이 많이 있습니다. 내 형편이 나아졌다고 이 기도가 끝날 수는 없습니다. 2006년 UNICEF 보고서에 따르면 개발도상국에서 영양부족으로 사망하는 5세 이하 영유아들 숫자가 매년 5백만 명이 넘는다고 합니다. 시간으로 환산해보면 자그마치 6초마다 1명의 영유아가 기아로 죽어가고 있는 것입니다. 올리비어 드 슈터(Olivier De Schutter) 유엔특별조사관은 세계가 이런 비극에 도무지 관심을 가지지 않는다고 우려를 표했습니다.

지금도 세계 곳곳에서는 전쟁과 자연재해 등으로 수많은 이들이 고통당하고 있습니다. 하나님은 우리에게 필요한 것을 주시겠다고 약속하실뿐 아니라 우리가 우리의 이웃에게 필요한 일용할 양식에도 관심을 가지라고 말씀하십니다.

네가 밭에서 곡식을 벨 때에 그 한 뭇을 밭에 잊어버렸거든 다시 가서 가져오지 말고 나그네와 고아와 과부를

위하여 남겨두라 그리하면 네 하나님 여호와께서 네 손
으로 하는 모든 일에 복을 내리시리라 네가 네 감람나무
를 떤 후에 그 가지를 다시 살피지 말고 그 남은 것은 객
과 고아와 과부를 위하여 남겨두며 네가 네 포도원의 포
도를 딴 후에 그 남은 것을 다시 따지 말고 객과 고아와
과부를 위하여 남겨두라 (신 24:19-21)

우리가 곡식을 추수할 때에 마지막 한 톨까지 다 챙기려 하지
말고, 객과 고아와 과부, 즉 이 세상의 약자들을 위해 남겨두
라고 하십니다. 곡식뿐만 아니라 감람나무를 떨 때도 그러하
고 포도원의 포도를 딸 때도 그렇게 하라고 하십니다. 그러면
서 그 이유를 이렇게 말씀하십니다.

너는 애굽 땅에서 종 되었던 것을 기억하라 이러므로 내
가 네게 이 일을 행하라 명령하노라 (신 24:22)

너희들도 과거에 어렵게 살지 않았느냐, 애굽 땅에 살 때 종이
아니었느냐, 그때 하나님이 너희를 해방시키시고 가나안 땅을
너희 소유로 주지 않았느냐, 그것을 기억하고 지금 어려운 처
지에 있는 이들을 생각하라는 것입니다. 그러니 하나님이 이
렇게 명하시는 것은 당연한 것입니다. 게다가 하나님은 명령
하실 뿐 아니라 순종하는 이들에게 복을 약속하십니다.

그리하면 네 하나님 여호와께서 네 손으로 하는 모든 일

05 오늘 우리에게 일용할 양식을 주시옵고

에 복을 내리시리라 (신 24:19하)

하나님은 당신의 백성들의 가장 작은 문제에도 구체적으로 관심을 가지시고 돌보아주시는 자비로운 우리의 아버지십니다. 동일한 하나님이 이제는 우리가 어려운 이웃들에게 하나님의 자비를 대신하여 베풀라고 하십니다.

여러분이 하나님의 도움을 받을 때 누군가의 손길을 통해 받지 않았습니까? 이제는 우리가 그 손길 역할을 하라는 것입니다. 하나님은 지금도 이런 손길을 통해 어려운 이웃에게 일용할 양식을 주십니다. 이것이 하나님의 뜻입니다. 그리고 그렇게 손길이 된 이들이 하는 모든 일에 하나님이 복을 내려주십니다. 신약 시대 주님의 제자들 역시 이 가르침을 신실히 행하고 가르쳤습니다. 에베소 교회 장로들에게 바울 사도는 이렇게 권면합니다.

> 여러분이 아는 바와 같이 이 손으로 나와 내 동행들이 쓰는 것을 충당하여 범사에 여러분에게 모본을 보여준 바와 같이 수고하여 약한 사람들을 돕고 또 주 예수께서 친히 말씀하신 바 주는 것이 받는 것보다 복이 있다 하심을 기억하여야 할지니라 (행 20:34-35)

바울 사도는 에베소 지역에서 자신이 자신과 동행들을 위하여 힘써 일한 것은 그들에게 본을 보인 것이라고 하였습니다. 그리고 그들도 이와 같이 수고하여 약한 사람들을 도우라고 권면합니다. 그렇게 누군가에게 베푸는 것이 베품을 받는 것보다 더 복된 일이라고 합니다.

주님께서 우리에게 가르치신 일용할 양식을 구하는 기도는 우리의 필요가 충족되면 더 이상 할 필요가 없는 기도가 아닙니다. 지금도 하루의 양식이 없어 절망 속에 있는 자들은 없는지 적극적으로 살펴보고 도우라는 하나님의 부탁으로 더 넓게 이해되고 실천되어야 합니다. 이 일은 각 개인과 교회가 모두 늘 힘써야 할 일입니다. 우리 교회도 처음 개척할 때부터 예산의 일정 비율을 이런 목적으로 편성해 왔습니다. 또한 많은 금액은 아니지만 특별히 어려움을 당한 성도를 위해 특별목적기금을 준비하고 있습니다. 이러한 교회의 작은 일들을 내 일처럼 생각하고 참여하는 여러분의 구체적인 베품의 손길을 통해 하나님의 축복이 넘칠 것입니다

왜 일용할 양식을 위한 기도가 필요한가?

신앙이 있고 없고를 떠나서 사람이라면 누구나 자신과 가족의 먹을 것을 위해 일하며 살아갑니다. 더 냉정하게 주위를 돌아보면 날마다 일용할 양식을 구하는 기도를 드리며 살아가는 신자들보다 오히려 신앙을 가지지 않은 사람들, 하나님께 기도하지 않는 사람들이 더 풍족하게 잘 사는 것 같습니다. 그런데 굳이 우리가 일용할 양식을 위해 하나님께 기도할 필요가 있을까요? 그 시간에 더 열심히 일하는 것이 낫지 않을까요?

05 오늘 우리에게 일용할 양식을 주시옵고

우리는 이 기도가 가지는 위대함을 생각해야 합니다. 하루의 양식을 위해 진지하게 기도할 수 있는 사람과 그렇지 않은 사람은 마지막이 다릅니다. 하나님을 믿지 못하는 이들은 모든 것이 자신의 노력과 능력으로 이루어졌다고 생각하게 됩니다. 그들은 풍족해질수록 더욱 교만해지고 하나님으로부터 멀어지는 삶을 삽니다. 그리하여 그들의 많은 재물은 그들 자신을 파멸과 어리석음의 길로 인도하게 됩니다.

그들의 힘과 의지의 근거는 재물이 되므로 하루하루 염려 속에 살며, 자신의 창고에 재물이 가득차지 않으면 안심하지 못합니다. 불안이 탐욕이 되고, 그 탐욕이 자신을 삼켜버려 결국 재물을 자신의 신과 주인으로 삼습니다. 그래서 그 재물을 손해 보느니 지옥에 가더라도 그 돈을 움켜쥐고 죽을 것입니다. 그런 사람 안에 하나님이 머무를 수가 없습니다. 이런 사람에 대하여 성경은 이렇게 이야기합니다.

> 돈을 사랑함이 일만 악의 뿌리가 되나니 이것을 탐내는 자들은 미혹을 받아 믿음에서 떠나 많은 근심으로써 자기를 찔렀도다 (딤전 6:10)

"믿음에서 떠"났다고 하니 이 사람도 처음에는 믿음이 있었던 사람이지 않겠습니까? 그런데 이런 사람이 돈을 사랑하기 시작하자 여러 문제가 발생합니다. 재물에 대한 사랑과 집착이 이 사람을 사로잡습니다. 이런 사람에게 수백억도 아닌 겨우 일용할 양식을 위해 하나님께 기도하며 감사한다는 것은 참으로 한심하게 생각되었을 것입니다. 그래서 점차 한 끼의 식사가 어디서부터 왔는지를 잊어버리고 기도하기를 잊어버리게 됩니다. 그 결과 그는 그것을 주신 하나님의 자비에서 멀어집니다. 그리고 그의 마음에는 하나님이 주신 평안이 사라지고 많은 근심으로 찔림을 받지만 그는 결코 그 길에서 벗어나지 못합니다. 이러한 모습이 하나님을 버리고 하나님께 기도하기를 포기하고 돈을 사랑하는 사람들의 현실입니다.

오늘 하루의 필요한 양식을 위하여 기도하는 이들은 어떻습니까? 이들도 하루하루 필요한 양식을 위해 땀 흘려 노력합니다. 그러나 이들은 그렇게 얻은 모든 것이 다 하나님을 통해 자신에게 주어졌다고 믿습니다. 그러므로 이 사람은 재물이 풍족해질수록 하나님에 대한 감사가 넘치고 더욱 겸손해집니다. 그뿐 아니라 이 사람은 가장 열악한 조건에 처할 때에도 하나님께서 일용할 양식을 주시는 줄을 믿고 기도하므로 마음에 위로와 용기를 가지고 살게 됩니다.

우리의 주님께서 우리에게 일용할 양식을 위하여 기도하라고 말씀하신 것은 우리에게 이 기도에 응답하시겠다는 약속을 하신 것입니다. 그러므로 우리는 주님의 이 약속을 신뢰하고 하루의 양식을 위해 기도합니다. 주님이 기 기도에 응답하실 것을 굳게 믿고 기도합니다. 그러므로 우리는 내일은 또 내일의 양식을 위해 기도할 것이며 이 기도는 주님의 나라에 갈 때까지 영원히 이어질 것입니다. 이런 사람의 삶은 이 기도를 통하여 항상 기뻐하고 쉬지 않고 기도하고 범사에 감사하는 삶을 살게 됩니다. 그러므로 우리가 구하는 오늘 필요한 양식은 오늘 하루 먹고 없어지는 양식으로 끝나는 것이 아니라 하나님과의 깊은 교제로 이어지는 통로가 됩니다.

만일 오늘 우리의 현실이 가장 절실하게 일용할 양식을 위해 기도해야 할 형편이라면 하나님은 지금 우리의 기도를 듣기 위해 가장 가까이 계시는 것입니다. 오늘 나에게 주어진 양식은 나의 현실에서 실현되는 눈에 보이는 하나님의 은혜요 축복의 통로입니다. 그런 하루하루가 이어져 오늘 하루에 필요한 양식뿐 아니라 하나님 나라에 이르는 영원한 생명의 양식을 얻게 되는 놀라운 축복을 받습니다.

마태복음 5-7장에는 예수께서 산에 오르셔서 가르치신 말씀, 소위 산상수훈이 기록되어 있습니다. 주기도문도 이 산상수훈에 들어 있습니다. 이 예수님의 말씀을 듣기 위해 많은 사람들이 모여들었는데, 이들은 주로 가난하고 병들고 소외된 사람들이었습니다(마 4:23-5:1). 정말 무엇을 먹을지 무엇을 입을지 모르는 상태로 하루하루를 살아가는 가난한 사람들이었습니다. 이들을 향해 주님이 이렇게 말씀하셨습니다.

> 염려하여 이르기를 무엇을 먹을까 무엇을 마실까 무엇을 입을까 하지 말라 이는 다 이방인들이 구하는 것이라 너희 하늘 아버지께서 이 모든 것이 너희에게 있어야 할 줄을 아시느니라 (마 6:31-32)

또 이어서 이렇게 말씀하십니다.

> 그런즉 너희는 먼저 그의 나라와 그의 의를 구하라 그리
> 하면 이 모든 것을 너희에게 더하시리라 그러므로 내일
> 일을 위하여 염려하지 말라 내일 일은 내일이 염려할 것
> 이요 한 날의 괴로움은 그 날로 족하니라 (마 6:33-34)

오늘 하루 먹을 것이 절실한 이들에게 예수님이 그저 듣기 좋고 위로가 되는 비현실적이고 낭만적인 무책임한 말을 이렇게 하셨을까요? 아닙니다. 이 말씀을 하신 예수님이 어떠한 삶을 사셨는지를 생각해 보십시오.

주님은 가난한 가정의 장남으로 태어나셨습니다. 일찍이 아버지를 여의셨기에, 목수라는 현실적인 직업을 가지고 어머니와 동생들의 생계를 책임져야 했습니다. 그리고 십자가에 돌아가시기까지 이 세상에서 주는 고통을 친히 다 겪으셨습니다. 이런 분에게 우리가 현실을 모른다, 낭만적인 무책임한 말씀을 하신다, 라고 말하기는 어려울 것입니다. 게다가 주님은 그런 고통과 십자가의 죽음을 이기고 부활하신 하나님이십니다. 그러므로 이 예수님의 말씀은 분명 더 깊은 의미가 있으며 우리는 그분의 가르침을 믿고 의지할 수 있습니다.

일용할 양식을 위해 기도하는 사람은 내일에 대한 염려로 가득차서 오늘의 기도를 하지 못하는 사람이 아닙니다. 오늘 자신의 일용할 양식을 준비하시는 하나님을 굳게 믿고 오늘 하루 최선을 다해 사는 사람입니다. 그런 사람에게 하나님께서는 "너는 오늘 하루의 수고로도 충분히 고생했다"라고 위로하십니다. "내일의 필요는 내일 또 구하라. 그 다음 날도 내

가 너의 기도에 응답할 것이다"라고 약속하십니다.

현실적이면서도 영원으로 이어지는 기도

"오늘 우리에게 일용할 양식을 주시옵고." 이 기도는 단지 멋있는 종교적 언어가 아닙니다. 하루의 양식이 없는 사람에게는 삶과 죽음이 결정되는 절실하고도 실제적인 기도입니다. 주님은 우리가 이 기도를 통하여 하나님의 사랑을 우리의 현실에서 경험하기를 간절히 바라십니다.

여러분이 이 기도를 이렇게 깊은 의미로 이해하고 받아드리며 기도할 때, 일용할 양식을 구하는 우리의 기도는 하루하루 사는 현실에서 살아계시는 하나님을 만나는 기쁨이 될 것입니다. 또 그렇게 받은 일용할 양식 중 일부를 떼어 감사함으로 주님께 돌려드릴 때, 그 헌금은 우리에게 주어진 모든 것이 주님께로부터 왔다는 신앙고백이 됩니다. 또한 우리는 이러한 감사를 통해 우리의 모든 삶에 또 다른 감사를 주시는 하나님의 능력을 경험하게 될 것입니다. 그런 기쁨과 감사와 하나님의 은혜가 이 기도를 드리는 모든 성도님들에게 오늘 이 순간, 그리고 아버지의 나라에 이르기까지 영원히 이어지기를 바랍니다.

06

우리 죄를 사하여 주시옵고

죄란 무엇인가?

우리는 하나님께 용서받아야 할 죄인인가?

물질만으로 해결되지 않는 깊은 상처들

하나님께서는 우리가 이 세상에서 하루의 양식을 위해서 땀 흘려 일하는 것을 아주 소중히 여기십니다. 그래서 우리가 "우리에게 일용할 양식을 주시옵고", 하고 절실히 기도할 때 그 기도를 들으시고 채워주시는 자비로운 아버지이십니다. 그 기도문이 바로 지난 시간에 우리가 깊이 살펴 본 부분입니다.

그런데 만일 하루가 아닌 평생을 먹을 만큼의 양식이 창고에 쌓여 있다면 이런 간절한 기도를 드릴 사람이 있을까요? 또 이렇게 절박한 기도를 하지 않아도 될만큼 양식이 풍족한 사람은 과연 행복하며 더 이상 하나님께 기도할 필요가 없을까요?

어두운 상처와 고통스러운 기억들

우리에게 한 끼의 식사가 없어 힘들었던 정말 가난한 시절이 있었습니다. 그러나 이제 우리나라는 경제적으로 세계 10위 권에 드는 매우 부유한 나라가 되었습니다. 그 덕분에 이제는 하루의 양식이 없어 고통당하는 사람이 전보다 많이 줄어들었고, 자연스레 일용할 양식을 위해 기도하는 사람들이 많이 사라졌는지 모르겠습니다.

그런데 경제적 부는 많아졌을지라도 우리 마음에는 여전히 많은 고통이 있습니다. 사람에 대한 깊은 미움, 분노, 갈등, 수십 년이 지나도 잊히지 않는 상처 등 참으로 많은 것들이 우리를 여전히 괴롭힙니다. 어쩌면 이런 정신적 고통은 단지 먹고 입고 자는 물질적인 문제보다 더 강하게, 더 오랫동안 우리를 괴롭히고 있는지도 모릅니다. 이런 고통 속에 처한 사람, 잊히지 않는 상처를 지니고 있는 사람들에게 절실한 기도가 오늘 배울 주기도문의 다섯 번째 간구입니다.

> 우리가 우리에게 죄 지은 자를 사하여 준 것 같이 우리 죄를 사하여 주시옵고 (마 6:12)

여러분, 여러분에게 많은 고통을 준 사람들은 어떤 이들이었습니까? 여러분과 아무런 상관 없는 멀리 떨어진 사람들이 아니라 여러분과 정말 가까운 사람들이지 않습니까? 그토록 사랑해서 결혼했던 배우자와 자녀들, 피를 나눈 형제들, 무슨 말이든 다 할 수 있을 것 같았던 가까운 친구들, 마음이 맞아 함께 동업을 했던 선후배들, 이들이 바로 여러분에게 상처를 준 사람들이었습니다.

　이렇게 가까운 이들로부터 받은 상처는 가시가 되어 우리 마음 깊숙이 박혀서 아주 오랜 기간 마음에 아픔과 상처로 남아 있습니다. 우리가 노력한다고 이런 상처가 쉽게 잊히고 용서가 되던가요? 아닙니다. 그렇게 하면 도리어 일만 더 꼬이고 고통만 더 심해지는 것을 많이 경험했을 것입니다. 그러므로 우리가 타인의 죄를 용서한 것처럼 우리를 용서해 달라는 이 기도는 결코 쉬운 기도가 아닙니다.

　그런데 주님께서 가르치신 이 기도는 자신에게 상처를 준 다른 이들을 용서하게 해 달라는 기도로 그치지 않고 또한 우리 자신의 죄를 용서해 달라는 간구를 함께 포함하고 있습니다. 이 주님의 가르침을 들으면 자연스럽게 이런 의문이 듭니다. 내게 상처와 고통을 준 그 사람을 용서하는 것이 쉽지 않다는 것은 충분히 이해가 된다, 그런데 내가 하나님께 용서해 달라고 기도할 만큼 나 역시 타인에게 그렇게 많은 아픔과 상처를 주었는가, 나 역시 하나님으로부터 용서받아야 할 만큼 그렇게 큰 죄가 있는가?

죄 없는 자가 먼저 돌로 쳐라

이스라엘의 유월절 축제가 끝난 다음날이었습니다. 예수님은 언제나처럼 밤새 감람산에서 기도하시고 아침에 다시 성전으로 오셔서 백성들에게 말씀을 가르치셨습니다. 한참 강론을 하고 있는데, 바리새인들과 서기관들이 한 여자를 질질 끌고 왔습니다. 바리새인은 당시 가장 종교적 계율을 엄하게 지키는 무리였고, 서기관들은 백성들에게 성경을 가르치는 이들이었습니다.

이들은 이스라엘의 지도자들로서 백성들을 하나님의 말씀으로 잘 양육하고 보살펴야 하는 역할을 맡은 그 사회의 지도자들이었습니다. 그런데 이들은 그 역할을 잘 수행하지 못했습니다. 그래서 백성들은 길을 잃고 방황하며, 신앙은 오히려 그들에게 무거운 짐이 되어 버렸습니다. 그런데 예수께서 오셔서 이처럼 길을 잃어버린 백성들의 고통과 아픔을 치료하시고 하나님의 말씀으로 위로하자 사람들이 구름떼같이 예수께 모여들었습니다. 바리새인들과 서기관들은 이런 예수님의 인기가 못마땅했습니다. 그래서 어떻게든 예수님을 고발하여 더 이상 백성을 가르치지 못하게 하고 더 나아가 영원히 제거하고자 갖은 음모를 꾸몄습니다.

이런 바리새인들과 서기관들이 축제가 끝나자마자 한 여인, 곧 간음 중에 잡힌 현행범을 끌고 와서 백성들 가운데 세우고 예수님께 물었습니다.

> 선생이여 이 여자가 간음하다가 현장에서 잡혔나이다
> 모세는 율법에 이러한 여자를 돌로 치라 명하였거니와
> 선생은 어떻게 말하겠나이까 (요 8:4-5)

06 우리 죄를 사하여 주시옵고

이들은 이번에는 예수가 이 상황에서 빠져 나갈 수 없는 묘수에 걸려 들었다고 생각했을 것입니다. 왜냐하면 만일 예수께서 그 여인을 풀어주라고 한다면, 이는 모세의 율법을 정면으로 어기는 것이므로 예수님이 도리어 돌에 맞아 죽을 수도 있는 상황이 되기 때문입니다. 거꾸로 그 여인을 돌로 치라고 하면, 그동안 사랑을 강조한 예수의 가르침이나 기존에 그들이 가르친 율법이나 아무런 차이도 없다고 예수를 비난할 수 있기 때문입니다. 이런 진퇴양난의 경우를 예상하고 그들은 이 여인을 예수께 데려온 것입니다.

여인은 수치심과 두려움으로 머리를 숙이고 벌벌 떨고 있고, 사람들은 이 여인의 행위에 분노하며 모두 손에 돌을 들고 그 여인을 칠 준비를 하고 있었습니다. 그때 예수님은 아무런 말씀도 하시지 않고 땅바닥에 손가락으로 무언가를 적고 계셨습니다. 예수께서 그때 무어라고 쓰셨는지는 알 수 없습니다. 그렇게 침묵의 시간이 흘렀습니다. 이제는 오히려 종교 지도자들이 더 다급해져서 예수님을 재촉합니다. 빨리 대답해 주시요, 그래야 이 여자에 대한 행동을 하지 않겠습니까, 하는 의미의 재촉이었습니다.

그때 예수님은 쓰시던 것을 멈추고 일어나셨습니다. 그리고 그들을 바라보며 이렇게 말씀하셨습니다.

너희 중에 죄 없는 자가 먼저 돌로 치라 (요 8:7하)

이 여인을 끌고 온 바리새인들과 서기관들 그리고 그들과 함께 한 백성들의 눈에는 이 여자의 용서 못할 죄만 보였습니다. 그들은, 눈에는 살의가 가득하고 손에는 돌을 든 채로 예수를 재촉하고 있었습니다. 그런 이들에게 예수님은 이 여인에게 죄가 없다고 말씀하시지 않았습니다. 이 여인이 불쌍하니 이 여자를 사랑으로 용서해주자고 호소하시지도 않았습니다.

그저 "너희 중에 죄 없는 자가 먼저 돌로 치라"고 말씀하셨습니다. 그리고 예수님은 다시 몸을 굽히사 손가락으로 땅에 무언가를 쓰셨습니다. 잠시 침묵의 시간이 흘렀습니다. 그러자 백성들 사이에서 이상한 동요가 일어났습니다. 이 말씀을 들은 사람들이 양심의 가책을 받아 어른으로 시작하여 젊은이까지 하나씩 하나씩 돌을 내려놓고 그 자리를 떠났습니다. 이제 이들은 예수님을 통하여 타인의 잘못에 대한 증오와 미움 대신 자신들의 숨은 깊은 양심의 세계를 보게 된 것입니다.

예수님과 간음한 여자만 남게 되자 예수님이 묻습니다. "여자여 너를 고발하던 그들이 어디 있느냐? 너를 정죄한 자가 없느냐?" 여자가 아무도 없다고 대답하자 예수님이 이렇게 말씀하십니다.

> 나도 너를 정죄하지 아니하노니 가서 다시는 죄를 범하지 말라 (요 8:11하)

예수님은 남의 죄에 대해 죽이고 싶은 적개심에 찬 무리에게는 스스로의 양심을 살펴보게 하시고, 죄에 대한 무서운 공포로 두려움에 떨던 여자에게는 죄사함의 은혜를 베푸셨습니다.

06 우리 죄를 사하여 주시옵고

비록 그 자리에 서 있지는 않지만 예수께서 하신 말씀, "너희 중에 죄 없는 자가 먼저 돌로 치라"는 시공을 초월하여 지금 우리에게도 깊은 자성의 시간을 가지게 합니다. 타인을 그렇게 정죄하고 증오할 만큼 나 자신은 당당하고 의로운지 다시 한 번 깊이 생각해보게 합니다.

우리는 로마서 3장에서 인간의 깊은 죄성과 우둔함과 교만에 대해 고백하는 사도 바울의 진술을 들을 수 있습니다.

> 기록된 바 의인은 없나니 하나도 없으며 깨닫는 자도 없고 하나님을 찾는 자도 없고 다 치우쳐 함께 무익하게 되고 선을 행하는 자는 없나니 하나도 없도다 … 그들의 눈 앞에 하나님을 두려워함이 없느니라 함과 같으니라
> (롬 3:10-18)

이러한 모습이 바로 모든 인류가 처한 어두운 영혼의 상태입니다. 우리는 모두 상대를 향하여 나의 불행이 그 사람 때문인 것처럼 원망하며 미워합니다. 하지만 시간을 내어 우리의 양심을 조금만 깊이 들여다보면 우리가 타인을 정죄할 만큼 그렇게 의로운 사람인가 하는 의문을 가질 수밖에 없습니다. 우리 역시 남몰래 지은 죄가 많지만 아직 드러나지 않은 것 아닙니까? 운 좋게도 우리의 악한 마음이 드러날 유혹과 환경에 처해지지 않았던 것은 아닙니까? 우리 마음을 조금만 자세히 살펴보면 이런 죄악이 내 마음 깊은 곳에 잠재해 있을 뿐이라는 것을 인정하지 않을 수 없습니다.

주님께서 우리에게 가르치신 기도, "우리가 우리에게 죄지은 자를 사하여 준 것 같이 우리 죄를 사하여 주시옵고"(마 6:12)를 드리려면 우리는 타인에 대하여 무자비할 만큼 냉정하게 굳어져 버린 우리 자신을 다시 돌아보아야 합니다. 우리 마음에 타인에 대한 증오와 미움으로 가득 찬 모습을 발견하고 놀라며 우리 자신이 하나님 앞에 얼마나 오만한 사람이었는지 다시 돌아보는 겸손한 시간을 가져야 합니다. 그리할 때 비로소 우리는 "주님, 제가 이 어려운 일을 당하여 용서하기에 너무나 힘든 상황이지만 주님이 저를 용서해주신 것처럼 저 역시 저들을 용서하게 하여 주옵소서" 하는 기도를 드릴 수 있습니다.

죄란 무엇인가?

흔히들 죄인이라고 하면 사회에서 범죄를 저질러 손에 수갑을 차고 끌려가는 흉악한 사람들을 연상합니다. 물론 이들이 죄인인 것은 맞습니다. 그러나 이들은 법규를 어긴 사람이라는 의미에서 범법자 혹은 범죄자라고 표현하는 것이 보다 정확합니다.

성경에서 말하는 죄인은 그 의미하는 바가 범죄자보다 훨씬 광범위합니다. 성경에서 '죄'는 헬라어로 '하마르티아'라는 단어를 사용합니다. 이 단어는 '표적을 빗나가다, 실패하다, 벗어나다'라는 의미를 가집니다. 그래서 성경에서 죄인이

란 하나님에게서 벗어난 사람을 의미합니다. 곧 하나님이 창
조하신 고귀한 형상이 사라져 하나님으로부터 멀어진 모든 사
람들, 그 마음속에 하나님 두기를 싫어하여 하나님께 등을 돌
린 사람을 지칭합니다. 죄인의 마음에는 하나님에 대한 두려
움과 이웃에 대한 사랑이 사라지고 없습니다. 그들은 자기 마
음대로 살고, 오직 자신의 욕구만을 충족하고자 하는 강한 욕
망에 사로잡혀 있습니다.

　　신학자들은 이런 죄인들의 마음 상태를 죄성이라고 부릅
니다. 그리고 이러한 죄성과 이로 인하여 일어나는 모든 비참
한 결과를 합하여 죄라고 부릅니다. 곧 겉으로 드러난 결과만
이 아니라 드러나기 이전에 그 사람의 마음에 있는 상태까지
도 죄라고 불리는 것입니다. 마태복음 15장을 보면 인간의 죄
성에 대해 예수께서 지적하시는 모습이 나옵니다. 요한복음 8
장에서 보았던 바리새인들이 또 등장합니다. 어느날 바리새
인들이 예수께 나아와 예수님의 제자들이 장로들의 전통을 범
한다고, 떡 먹을 때 손을 씻지 아니한다고 비판합니다(마 15:2).
그때 예수께서 대답하시는 중에 이렇게 설명하는 대목이 나옵
니다.

> 입으로 들어가는 것이 사람을 더럽게 하는 것이 아니라
> 입에서 나오는 그것이 사람을 더럽게 하는 것이니라 (마
> 15:11)

무슨 말씀인지 알 것 같기도 하고 모를 것 같기도 하지 않습니

까? 당시 예수님의 제자들도 그랬습니다. 그래서 베드로가 이 비유를 설명해달라고 요청하자 예수께서 상세히 설명해 주십니다.

> 입으로 들어가는 모든 것은 배로 들어가서 뒤로 내버려지는 줄 알지 못하느냐 입에서 나오는 것들은 마음에서 나오나니 이것이야말로 사람을 더럽게 하느니라 마음에서 나오는 것은 악한 생각과 살인과 간음과 음란과 도둑질과 거짓 증언과 비방이니 이런 것들이 사람을 더럽게 하는 것이요 씻지 않은 손으로 먹는 것은 사람을 더럽게 하지 못하느니라 (마 15:17-20)

진짜 더러운 것은 씻지 않은 손이 아니라 죄로 가득찬 마음, 곧 죄성이라고 말씀하십니다. 그리고 이런 죄성의 결과가 우리의 삶을 더럽게 한다고 말씀하십니다. 주님은 인간의 마음에 깊이 숨어 있는 이같은 죄성을 알고 계셨고, 이러한 뿌리 깊은 죄성의 결과가 우리의 삶을 망가뜨리고 더럽게 하는 것이라고 날카롭게 지적하셨습니다. 우리 안에 숨어 있는 이 죄성은 우리로 하여금 서로에게 상처를 주고 고통을 받게 합니다. 때로는 돌이킬 수 없는 비참한 결과를 낳기도 합니다.

또한 죄성이 가진 고약한 특성이 하나 있는데, 그것은 자신의 죄에 대해서는 관대하고 무감각하지만 타인의 죄에 대해서는 무자비하고 민감해지도록 우리 마음을 끌고 간다는 것입니다. 그래서 아주 오래 전에 입었던 상처가 아직도 잊히지 않고 매일매일 더욱 더 큰 분노로 우리를 사로잡습니다. 그때 그 일만 생각하면 자다가도 벌떡 일어나게 됩니다. 편하게 잠을 자지 못합니다. 타인의 잘못에 대한 우리 자신의 의로움이 우리를 고상하게 만드는 것이 아니라 우리를 괴롭히는 악한 무기가 되어 우리 자신을 찌릅니다. 과거에 끝난 일이기에 이제는 존재하지도 않는 일들이 망령이 되어 우리의 삶을 갉아 먹습니다.

그 어둠의 세력이 우리의 마음과 생각과 행동을 장악합니다. 그 어둠이 하나님과 우리 사이의 장벽이 되어 우리의 기도를 막습니다. 그로 말미암아 하나님 나라가 우리 안에 임하지 못하게 됩니다. 그가 주시는 기쁨을 소유할 수 없게 됩니다. 그런 고통을 당하면서도 우리는 쉽게 그 고통에서 벗어나지 못합니다. 이것이 바로 어둠을 주관하는 사탄이 노리는 계략입니다. 이 사탄의 집요하고 교묘한 계략에서 벗어나는 길은 주님께 엎드려 기도하는 것입니다.

> 우리가 우리에게 죄 지은 자를 사하여 준 것 같이 우리
> 죄를 사하여 주시옵고 (마 6:12)

주기도문의 이 다섯 번째 간구는 그저 몇 마디 말이 아니라 이러한 깊은 내면의 고통에서 벗어나고자 드리는 우리 영혼의 절박한 호소여야 합니다. "주님, 이 비참한 상태에서 우리를 풀어 주소서." 왜냐하면 우리의 죄악된 마음의 상태에서 벗어나는 길, 이 어둠을 이기는 유일한 길은 하나님께로부터 오는 용서와 사랑으로 우리가 다시 하나님께로 돌아가는 그 길밖에

없기 때문입니다.

몇 번이나 용서해야 하는가?

어느날 베드로가 예수님께 이런 질문을 하였습니다.

> 형제가 내게 죄를 범하면 몇 번이나 용서하여 주리이까
> 일곱 번까지 하오리이까 (마 18:21)

사람이 누군가를 한 번 정도 용서하는 일은 많이 있습니다. 두
번까지도 가능합니다. 그런데 세 번 용서할 수 있는 사람은 대
단한 용서의 사람이라 할 수 있습니다. 그런데 주님의 제자 베
드로는 일곱 번을 용서하면 어떻겠느냐고 물었습니다. 아마
이 질문을 하면서 베드로는 칭찬을 기대했을지도 모르겠습니
다. 그런데 주님의 대답은 베드로나 우리의 기대와는 달랐습
니다.

> 예수께서 이르시되 네게 이르노니 일곱 번뿐 아니라 일
> 곱 번을 일흔 번까지라도 할지니라 (마 18:22)

예수님은 일곱 번씩 일흔 번이라도 용서하라고 말씀하십니다.
이 말씀을 예수께서 490번째까지는 용서하고 491번째부터는
용서하지 않아도 된다는 의미로 받아들일 사람은 없을 것입니

다. 이스라엘에서 7과 10은 완전수라고 불립니다. 그래서 예수께서 7번씩 70번이라고 말씀하신 것은 단지 숫자적 개념이 아니라 용서의 완전성을 상징하는 것입니다. 다시 말하자면 베드로에게, 너는 용서를 단지 몇 번 했느냐의 문제로 보고 있는데 그것은 나의 제자로서 올바른 태도가 아니라고 가르치시는 것입니다. 예수님은 비유를 들어서 용서의 참다운 의미가 무엇인지 가르쳐주십니다(마 18:22-34).

옛날 어떤 주인이 하루는 자기 하인들의 빚을 정산하기로 했다. 하인들 중에 주인으로부터 1만 달란트를 빚진 자가 있었다. 그 하인에게 기한이 되었으니 그 빚을 다 갚으라고 하였는데, 그 하인은 지금 그 빚을 다 갚을 능력이 되지 않아서 갚을 수 없다고 하였다. 그러자 주인은 이렇게 말했다. "네 몸도 있고 네 아내와 자식들도 있지 않느냐? 네 모든 소유를 다 팔아 그 빚을 갚으라." 그러자 그 하인이 엎드려 절하며 애절하게 부탁하였다. "내게 참으소서. 다 갚으리이다." 주인이 그 모습을 보며 불쌍한 마음이 들었다. 그 하인을 풀어주며 빚을 다 탕감하여 주었다.

이 하인은 너무나 기쁘고 감사했다. 날아갈 듯한 마음으로 집으로 돌아가는 길에 한 동료를 만났다. 그 동료는 이 하인에게 100 데나리온의 빚을 지고 있었다. 이 하인은 그 동료의 멱살을 잡고 빚을 갚으라고 윽박질렀다. 그랬더니 그 동료가 엎드려 반드시 갚겠노라고 조금만 참아달라고 부탁하였다. 그러나 이 하인은 그 부탁을 거절하고 그 동료를 옥에 가두었다.

이 상황을 본 다른 동료들이 안타까운 마음이 들어 주인에게 이 일을 다 말하였다. 그러자 주인이 그 하인을 다시 불러 들였다. 그리고 격노하여 이렇게 말하였다. "이 악한 녀석아, 네가 빌기에 내가 그 빚을 다 탕감하여 주었는데, 너는 내가 너를 불쌍히 여김 같이 네 동료를 불쌍히 여기는 것이 마땅하거늘 어찌 그런 짓을 네 동료에게 하였단 말이냐." 그리고는 그 하인이 빚을 다 갚을 때까지 그를 괴롭게 하였다.

이 이야기를 마치시면서 예수님은 이렇게 말씀하셨습니다.

> 너희가 각각 마음으로부터 형제를 용서하지 아니하면
> 나의 하늘 아버지께서도 너희에게 이와 같이 하시리라
> (마 18:35)

데나리온과 달란트는 당시 유대인의 화폐 단위입니다. 1 데나리온은 노동자의 하루치 품삯이고, 1 달란트는 6,000 데나리온에 해당하는 큰 금액이었습니다. 우리가 1 데나리온을 5만원이라고 생각하고 계산해보면, 이 하인은 주인에게 3조원을 탕감받은 셈이 됩니다. 그런데도 이 하인은 자기에게 500만원 빚진 동료를 용서하지 않았다는 이야기입니다. 3조원과 500만원은 도저히 비교할 수 없는 차이 아닙니까? 어떤 주인이라도 이런 하인을 보면 분노할 수밖에 없을 것입니다.

이 비유를 통해 용서의 진정한 의미가 무엇인지 가르쳐 주신 예수님은 친히 우리의 죄를 용서하시기 위해 십자가의

고통과 죽음을 담당하셨습니다. 우리를 용서하시는 그 하나님의 사랑이 얼마나 큰 사랑인지 손수 본을 보여주셨습니다. 십자가 위에서 드러난 이러한 예수님의 사랑을 직접 목격한 제자들은 비로소 예수님이 가르쳐주신 용서가 무엇을 의미하는지 생생하게 기억하게 되었습니다. 그리하여 바울 사도는 이 용서와 사랑에 대하여 이렇게 고백합니다.

> 우리가 아직 죄인 되었을 때에 그리스도께서 우리를 위하여 죽으심으로 하나님께서 우리에 대한 자기의 사랑을 확증하셨느니라 (롬 5:8)

더 나아가 예수님은 이런 용서와 사랑을 통해 그의 제자들에게 그리고 우리에게 참으로 영광스럽고 위대한 하나님 나라를 주셨습니다.

그러므로 용서는 자신을 의인으로 여기고 자신에게 잘못한 저 죄인을 몇 번이나 용서해 줘야할까를 고민하는 산술적인 것이 아닙니다. 용서는, 용서하는 사람이 먼저 자신이 하나님께 얼마나 큰 용서와 사랑을 받았는지를 기억하고, 그런 큰 사랑을 받은 죄인으로서 타인의 잘못에 대하여도 한없는 이해와 사랑을 베푸는 것입니다. 이것이 예수님이 이 비유를 통해 제자들에게 가르치셨던 용서의 본질입니다.

타인을 향한 우리의 용서가 우리 자신이 하나님께 받은 큰 용서와 사랑을 기억하는 데서 시작된다면 우리는 한없이 겸손해질 것입니다. 그리하여 "우리가 우리에게 죄 지은 자를 사하여 준 것 같이 우리 죄를 사하여 주시옵고"라고 간구할 때, 이 기도는 하나님이 우리에게 얼마나 큰 은혜를 베풀어주셨는가에 대한 감사의 기도가 될 것이며, 또한 우리 사이에 마땅히 베풀어야 할 용서를 이루는 사랑의 기도가 될 것입니다.

나 같은 죄인 살리신

나 같은 죄인 살리신 주 은혜 놀라워
잃었던 생명 찾았고 광명을 얻었네

우리가 잘 아는 찬송가 305장의 가사입니다. 이 찬송의 작사가는 존 뉴턴(John Newton, 1725-1807)이라는 목사님입니다. 그의 전반부 인생은 허랑방탕하였지만 후반부 인생은 신실한 목사로서 많은 이들에게 칭송을 받았습니다.

그의 아버지는 상선의 선장이었고, 어머니는 아주 독실한 그리스도인으로서 그에게 웨스트민스터 요리문답과 존 왓츠의 찬송가들을 많이 가르쳐주었습니다. 그의 어머니가 7세 때 폐병으로 돌아가시자 그의 아버지는 즉시 재혼을 하고 그를 기숙학교로 보내버렸습니다.

기숙학교에 적응하지 못한 뉴턴은 결국 11세 때부터 아버지의 상선을 함께 타기 시작했습니다. 17세에 해군에 입대하였지만 계속 사고를 치다 결국 노예로 끌려가는 신세가 되었습니다. 탈출에 성공한 그는 22세에 흑인 노예를 무자비하게 다루기로 유명한 노예무역선의 선장이 되었습니다.

그러던 어느날 그가 타고 있던 배가 스코틀랜드 근처에서 항해가 거의 끝날 무렵 큰 폭풍을 만나게 되었습니다. 배는 항로를 벗어나 4주 동안이나 표류하였습니다. 그는 오랜 항해 경험을 통해 곧 죽게 될 것을 직감하였습니다. 그때 갑자기 그의 입에서 "주여, 우리에게 자비를"이라는 말이 툭 튀어나왔습니다. 그리고는 간절히 하나님께 기도하였고, 극적으로 그의 배에 타고 있던 이들 전부와 함께 구조되었습니다.

뉴턴은 그때부터 하나님께 자신의 남은 인생을 전부 의탁하게 되었습니다. 그리고 성경을 연구하기 시작하였습니다. 드디어 26세에 비인도적인 노예무역 사업을 정리하고 신학교로 진학한 이후로 죽는 날까지 목사로서 성도들을 섬겼습니다. 그가 목회하면서 가장 강조하였던 것은 십자가의 은총이었습니다. 그리고 그는 그 은혜를 가장 잘 아는 사람 중에 하나가 되었습니다. 뉴턴은 자신의 묘비명을 직접 적었는데, 그 내용은 이렇습니다.

> 한때 이교도였고, 방탕했으며 아프리카 노예의 종이었던 존 뉴턴은 우리 주 예수 그리스도의 풍성하신 자비로 살아남게 되었고, 소생케 되었으며, 용서를 받아 그가 오랫동안 없애 버리려 노력했던 그 믿음을 전하도록 부름을 받았다. 올리(olney) 교구에서 약 16년간 부목사로, 런던의 성 메리 울노스(St. Mary Woolnoth)에서 28년을 목사로 봉사했다.

그는 입버릇처럼 "다른 것은 다 잊어도 내가 죄인이었다는 것과 죄에서 구원 받았다는 것은 결코 잊을 수 없다"고 하였습니다. 뉴턴은 자신의 지난날의 큰 죄를 돌아보면서 그런 큰 죄에서 자기를 건지신 하나님의 크신 은혜와 용서를 찬송한 노래가 바로 "*Amazing Grace*", 우리 찬송가 305장 "나 같은 죄인 살리신"입니다.

이 찬송가는 뉴턴만의 찬양이 아닙니다. 자유가 짓밟히고 억압당한 현장에서 분노 대신 용서를 선택한 사람들이 인류 역사의 위대한 순간에 불렀던 찬송이 바로 이 "*Amazing Grace*"입니다. 흑인인권운동의 선구자이며 대표적 인물인 마틴 루터 킹(Martin Luther King Jr. 1929-1968) 목사는 1963년 8월 28일 노예 해방 100주년을 기념하여 워싱턴에서 열린 평화대행진에서 "*I have a Dream*"이라는 제목의 연설을 하였고, 그때 행진에 참여한 사람들이 함께 불렀던 찬송이 "*Amazing Grace*"였습니다.

남아프리카 공화국의 인종차별에 저항하다 27년 동안 옥살이 하던 넬슨 만델라(Nelson Mandela, 1918-2013)가 1990년 2월 11일에 석방되었을 때, 그를 기다리던 온 국민이 함께 부른 찬송이 "*Amazing Grace*"였습니다. 그리고 2001년 9월 11일 이슬람 테러단체에 의해 뉴욕의 세계무역센터(WTC) 빌딩이 무너져 2,996명의 사상자와 최소 6,000명 이상의 부상자를 발생시킨 그 현장에서 미국인들이 눈물로 불렀던 노래가 바로 이 "*Amazing Grace*"였습니다.

그리고 이 찬송이 울려 퍼진 잊지 못할 또 하나의 사건이 있었습니다. 2015년 6월 17일 미국 남동부 사우스캐롤라이나 주 찰스턴 지역의 임마누엘 아프리칸 감리교회에서 평화롭게 성경공부를 하던 중 그 자리에 있던 한 백인 청년이 갑자기 일어나 흑인 교인들에게 총을 난사했습니다. 한 목격자는 그가 이런 말을 했다고 합니다. "당신들은 여성들을 성폭행했고 우리나라를 차지했다. 당신들은 이 나라를 떠나야 한다." 그가 말한 "당신"은 흑인들이었습니다. 그는 전형적인 인종차별주의자요 흑인혐오자였습니다. 그 사건으로 예배당에 있던 흑인 9명이 사망했습니다.

그러나 유족들은 재판정에서 이 비극적인 죽음 앞에서 증오와 복수의 말 대신 용서의 메시지를 남겼습니다.

> "나와 우리 가족 모두 너를 용서한다. 우리 가족의 용서를 참회의 기회로 삼아 지금보다 더 나은 사람이 되길 바란다."
>
> _희생자 미라 톰슨의 가족 엔서니 톰슨

> "엄마를 다시 안을 수 없고 엄마와 다시 얘기할 수 없게 되었다. 많은 이들이 너로 인하여 고통을 받게 되었다. 그러나 하나님께서 너를 용서하실 것이고 나도 너를 용서한다."
>
> _어머니를 잃은 네이딘 콜리어

> "할아버지와 다른 희생자들이 증오의 손에 돌아가셨지

만 모두가 당신의 영혼을 위해 기도하고 있다. 우리는 사랑으로 살아왔으며 이번 사건에서도 사랑을 유산으로 남길 것이다. 증오는 결코 사랑을 이길 수 없다."

_희생자 대니얼 시먼스 목사의 손녀 앨래나 시먼스

6월 25일부터 7월 2일까지 희생자들의 장례식이 있었습니다. 그중 6월 26일에는 당시 성경공부를 인도하였던 핑크니 목사의 장례식이 거행되었습니다. 이 자리에는 버락 오바마 당시 미국 대통령이 참석하여 유족들을 위로하였습니다. 그때 그는 희생자 9명 전부의 이름을 부르며 그 유가족들이 보여준 위대한 용서에 대해 깊이 생각해 보았다고 했습니다. 40분 남짓한 시간 동안 추모연설을 하던 그는 말을 멈추고 한참 동안 고개를 숙였습니다. 모두가 대통령의 침묵을 바라보았습니다.

잠시 후 그의 입에서는 "Amazing grace, how sweet the sound that saved a wretch like me. I once was lost, but now I'm found. Was blind, but now I see."(나 같은 죄인 살리신 주 은혜 놀라워 잃었던 생명 찾았고 광명을 얻었네)가 흘러나왔습니다. 누구도 예상하지 못한 대통령의 찬송가 추도에 목사들이 하나둘씩 일어나 함께 찬송했으며 참석한 6천여 명의 사람들도 모두 일어나 환호하며 웅장한 찬송을 이어갔습니다. 이 놀라운 장면을 취재한 워싱턴포스트, CNN 등 미국 언론들은 집권 1기 4년에 이어 집권 2기 2년 반을 마친 오바마 대통령이 *Amazing Grace*"를 부른 이 장면이 그의 대통령 재직기간 중 최고의 순간으로 기억될 것이라고 일제히 보도했습니다.

여러분, 이 찬송은 하나님의 용서에 대한 신앙고백적인 내용을 담고 있습니다. 그런데 작사된 지 2백년이 훌쩍 넘은 지금도 여전히 인류 역사의 가장 위대한 순간들에서 이 찬송이 불리고 있습니다. 이것은 증오와 분노가 이 사회를 지배하는 것 같지만, 우리 사회에 진짜 필요한 것은 용서와 사랑이라는 하나의 증표입니다.

　　그러므로 주님이 오늘 우리에게 가르치신 주기도문의 다섯 번째 간구, "우리가 우리에게 죄 지은 자를 사하여 준 것 같이 우리 죄를 사하여 주시옵고"는 나를 살리며 우리의 형제를 살리며 우리 모두를 살리는 하늘의 생명을 얻는 위대한 기도입니다.

07

우리를 시험에 들게 하지 마시옵고

우리에게 다가온 유혹은 우연한 것인가?

악은 추상적 관념인가, 아니면 의지를 가진 사악한
실체인가?

신앙을 가지면 항상 마음이 편한가?

처음 교회에 나와서 신앙생활을 시작하신 분들을 대부분의 목
사님들은 조심스럽게 대하고, 그들에게 많은 배려를 합니다.
자칫 서둘러서 처음부터 너무 적극적으로 다가가면 부담을 가
질 수 있고, 그렇다고 너무 모르는 척하면 자기에게 관심이 없
다고 오해할 수 있기 때문입니다.

저희 교회 역시 그러한 배려 중 하나로 처음에 교회에
나오시는 분들이 부담을 가지지 않도록 4주 동안은 등록을 받
지 않습니다. 자연스럽게 예배나 여타 교회 활동에 참여하시
다가 4주 이후부터는 등록할 수 있도록 하는데 그때에도 본인
의 자발적 의사에 의해 하도록 배려하고 있습니다.

이런 과정을 거쳐 교회에 교인으로 등록하고 출석하신

분들께 지금 심정이 어떠신지 물어보면 대부분 "왠지 마음이 편하고 좋습니다" 하고 말씀하십니다. 그렇습니다. 신앙생활을 하면, 더 자세히 말해서 하나님의 말씀을 듣고 함께 예배를 드리면 이제껏 느껴보지 못한 영혼이 맑아지는 깊은 감동이 있습니다.

그런데 이렇게 편한 마음으로 신앙생활을 시작하신 분들이 왜 중간에 그만두실까요? 그 이유는 우리가 아무리 신앙이 깊어도 매일 매일 살아가는 현실에서 감당하기 힘든 다양한 일들을 만나게 되고, 그런 고통스럽고 힘든 시간들 속에 허우적거리다 보면 어느 순간 신앙생활이 주었던 기쁨은 다 사라지고, 추상적인 신앙보다는 지금 눈앞의 문제부터 당장 해결해야겠다는 절박한 심정이 되기 때문입니다.

이런 상태가 되면 앉아 있어도 어떤 일이 머릿속에서 떠나지 않고, 누워 있어도 편안하지 않습니다. 예배를 드려도 집중이 되지 않습니다. 그런 상황은 어른들뿐 아니라 어린 청소년들에게도 있습니다. 우리 교회에도 대입을 앞둔 학생들이 있습니다. 그 바쁜 시간 중에도 시간을 내어 예배를 드리러 왔지만 틈만 나면 시험에 관한 책을 들여다봅니다. 이것이 바로 우리가 처한 현실입니다.

그나마 신경 쓰이는 일들이 잘 풀리면 다행이지만 꼭 그렇게만 되지는 않는 게 인생입니다. 점점 더 상황이 꼬이기도 하고 악화되기도 합니다. 그런 현실이 지속되면 하루하루 살아가는 것도 힘들어집니다. 그러다 자기도 모르게 아주 깊은 어둠의 세계에 빠져 심한 우울증에 걸리기도 하고 심한 경우

아주 극단적인 선택을 생각하기도 합니다. 처음 신앙을 접한 사람들은 물론이고 오랫동안 신앙생활을 한 크리스천들도 이런 상태를 겪거나 그러한 상태가 지속되면 그렇게 가치 있다고 여겼던 신앙마저도 시들해지고, 기도는커녕 하나님을 믿는 신앙마저 잃어버리기도 합니다. 이렇게 우리의 신앙을 위협하는 이런 일들, 하나님으로부터 멀어지게 하는 모든 일들을 우리는 시험이라고도 부르고 유혹이라고도 부릅니다.

　　주님은 사람들이 처한 이러한 실존의 문제들과 고통을 아셨습니다. 그리고 인간이란 이런 상황에서 넘어질 수밖에 없는 연약한 존재라는 것을 아셨습니다. 그래서 우리에게 신앙으로 말미암은 기쁨이 있을지라도, 여전히 그런 시험과 유혹 속에서 흔들리고 고통당하리라는 것을 아셨습니다. 신앙이 깊어지면 깊어지는 대로 또 다른 시험과 유혹에 흔들릴 것도 잘 아셨습니다. 그래서 우리에게 이런 시험과 유혹에 처할 때 흔들리거나 낙심하지 말고 이렇게 기도하라고 가르치십니다.

> 우리를 시험에 들게 하지 마시옵고 다만 악에서 구하시옵소서 (마 6:13상)

시험은 어떻게 오는가

시험은 여러 가지 모습으로 우리에게 다가옵니다. 첫째로 우리에게 주어진 외부 환경으로부터 옵니다. 어린 시절에 가난한 집에서 태어날 수도 있고 아주 허약한 신체를 가지고 태어날 수도 있습니다. 자라나는 중에 부모님이 파산할 수도 있고, 질병이나 사고 등으로 건강을 잃을 수도 있습니다. 그리고 성인이 되어 남들과 많은 일들을 함께 해야 과정에서도 오해, 시기, 질투 등 다양한 문제로 고통을 당하기도 하고, 어떤 경우에는 평생 동안 그런 괴로움에서 벗어나지 못하기도 합니다.

우리가 짊어지는 삶의 무게는 결코 가볍지 않습니다. 나혼자 잘한다고 되는 일이 아닙니다. 우리에게 주어진 환경은 다양한 방법으로 그리고 지속적으로 우리를 괴롭게 만듭니다. 신앙생활을 잘한다고 이런 문제들이 일시에 다 해결되는 것도 아닙니다. 이렇게 해서 쌓인 아픔과 갈등의 기억들이 미움과 증오로 바뀌어 우리에게 더 깊은 상처를 주기도 합니다. 그래서 우리는 더 이상 내게 주어진 삶을, 그리고 내 옆에 있는 사람들을 사랑할 수 없게 됩니다. 기도가 되지 않습니다. 점점 더 깊은 시험에 빠집니다.

둘째로 우리 내면에 숨겨진 자신의 깊은 죄성으로부터 옵니다. 우리는 얼마든지 그럴듯한 종교적 외양을 갖추고 살아갈 수 있습니다. 남들에게 선한 사람으로 보일 수도 있습니다. 그러나 정작 우리의 내면에는 우리 자신도 자각하지 못하는 깊은 죄성이 도사리고 있다는 사실을 알아야 합니다. 남들이 알지 못하는 악한 생각들이 가득합니다.

신약성경에 등장하는 바리새인은 율법을 철저히 지키고, 그로 인해 백성으로부터 존경을 받는 집단이었습니다. 마태복음 15장을 보면, 이 바리새인들이 예수께 나아와 그의 제자들이 손을 씻지 않고 음식을 먹는다고, 장로들의 전통을 범한다고 비난하는 장면이 나옵니다. 이러한 비방을 듣고 예수께서 이렇게 말씀하십니다.

> 입으로 들어가는 것이 사람을 더럽게 하는 것이 아니라 입에서 나오는 그것이 사람을 더럽게 하는 것이니라 ... 입에서 나오는 것들은 마음에서 나오나니 이것이야말로 사람을 더럽게 하느니라 마음에서 나오는 것은 악한 생각과 살인과 간음과 음란과 도둑질과 거짓 증언과 비방이니 이런 것들이 사람을 더럽게 하는 것이요 씻지 않은 손으로 먹는 것은 사람을 더럽게 하지 못하느니라 (마 15:11, 18-20)

진짜 더러운 것은 씻지 않은 손이 아니라 죄로 가득한 마음, 곧 죄성이라고 말씀하십니다. 율법을 철저히 지킨다는 바리새인들의 내면의 죄성을 지적하신 것입니다. 비단 바리새인들만의 문제가 아닙니다. 인간의 내면에는 이러한 죄성, 곧 "악한 생각과 살인과 간음과 음란과 도둑질과 거짓 증언과 비방" 들이 있어서 우리를 시험에 들게 합니다.

이러한 외부의 환경과 내부의 죄성이 만날 때 우리는 너무 쉽게 유혹에 넘어가고 깊은 죄에 빠집니다. 그런데 정말 무서운 것은 이러한 시험과 유혹이 우연히 오는 것이 아니라는 것입니다. 베드로는 성도들에게 이렇게 경고하였습니다.

근신하라 깨어라 너희 대적 마귀가 우는 사자 같이 두루 다니며 삼킬 자를 찾나니 (벧전 5:8)

여러분, 풀무를 아십니까? 불을 피울 때 사용하는 바람을 일으키는 도구입니다. 작은 불씨만 있어도 풀무가 있으면 금방 큰 불을 만들 수 있습니다. 우리 대적 마귀가 하는 일이 이런 풀무질과 같습니다. 이 마귀는 우리를 유혹하여 넘어뜨리고 그 고통으로 우리를 파멸시키려는 아주 적극적인 의지를 가지고 있습니다. 우는 사자처럼 여기저기 다니며 사람들을 유혹과 시험에 빠뜨립니다. 아주 작은 문제만 있어도 그 문제가 엄청 큰 것처럼 우리를 속입니다.

　　이러한 마귀의 교묘한 덫에 걸리면 때로는 스스로에게 좌절하고, 때로는 가까운 사람들에게 분노하고 그들을 미워하면서 우리 자신과 타인의 마음에 씻을 수 없는 상처를 남깁니다. 그러면서 우리는 점점 하나님이 주신 기쁨과 평안으로부터 멀어져 갑니다. 마귀는 오늘도 우리를 하나님으로부터 멀어지게 하고 불행하게 만들려고 갖은 노력을 다합니다.

　　이 마귀는 아주 작은 일상의 문제로도 여러분을 능히 시험에 빠뜨리고, 엄청난 악으로 이어지도록 여러분을 유혹하는 아주 교묘한 능력을 가지고 있습니다. 부부싸움을 생각해 보십시오. 갈등의 시작은 아주 사소한 몇 마디였는데 그 싸움이 길어지면 상대방이 원수로 보이고 대화가 더욱 날카로워지면서 결국은 서로에게 깊은 상처를 주게 됩니다. 그런데 그 부부싸움을 시작하게 된 이유를 다시 살펴보면 너무나 작은 문제이지 않던가요? 자녀와의 대화는 어떻습니까? 단지 자녀의 작은 결점 하나 바로잡아주려고 대화를 시작했는데, 대화하는 중에 갑자기 그동안 있었던 모든 짜증과 불평거리가 생각나서 대화가 단절되고 불신이 깊어지는 일들이 종종 생깁니다. 직장에서 동료와 조그만 다툼이 생겨도, 어느 순간 빌어먹을 이 직장을 그만두고 싶다는 강한 분노가 수없이 생깁니다.

여러분, 이런 일은 우연히 생긴 것이 아닙니다. 그냥 그날 재수가 없어서 생긴 것이 아니라는 것을 알아야 합니다. 여러분이 이런 일을 만나거든, 아 지금 마귀가 날 유혹하고 있구나, 악한 영이 나를 풀무질하고 있구나, 하고 바로 눈치 채야 합니다. 그리고 즉시 머리를 숙이고 주님이 가르치신 이 기도를 기억하며 간절하게 간구해야 합니다.

> 우리를 시험에 들게 하지 마시옵고 다만 악에서 구하시옵소서 (마 6:13상).

죄를 짓지 않고 선하게 살 수 있을까?

이런 유혹과 시험에 빠지지 않기 위해서 꼭 기독교 신앙이 필요한가? 꼭 번거롭게 하나님께 도움을 구해야 하는가? 차라리 이런 문제라면 오히려 인간 스스로 높은 윤리성을 쌓아서 이겨내는 것이 더 효과적이지 않겠는가? 이렇게 생각하는 사람들에게는 우리가 스스로 얼마든지 할 수 있는 이런 일을 굳이 하나님에게 도움을 구하는 것이 어리석고 나약하게 보일 수 있습니다.

그런데 이렇게 하나님 없이도 얼마든지 우리가 당면한 문제를 해결할 수 있다고 생각하는 것을 성경은 교만이라고 합니다. 일반적으로 교만이라고 하면, 타인에게 잘난 척하고 뽐내는 건방진 태도를 생각합니다. 그런데 성경은 하나님 없이 인간 스스로 자신의 행복을 만들 수 있다고 생각하며 그렇게 행동하는 모든 것을 교만이라고 합니다.

이스라엘 역사를 통틀어 가장 존경받는 왕은 다윗입니다. 그는 어린 나이부터 골리앗에 맞서 싸울 정도로 용맹한 전사였고, 전 생애를 통틀어 단 한 번도 전쟁에서 패한 적이 없는 백전불패의 장수였습니다. 정치적으로는 흩어져 있던 이스라엘의 열두 지파를 통합하여 통일 왕국으로 만든 강력한 통치력을 가진 존경 받는 군왕이었습니다.

이렇게 외적으로만 성공한 것이 아닙니다. 다윗은 미천한 양치기에 불과했던 자신을 왕으로 높이신 하나님을 늘 높이며 찬양했습니다. 시편 150편 중 74편을 다윗이 지었습니다. "여호와는 나의 목자시니 내가 부족함이 없으리로다 그가 나를 푸른 초장에 누이시며 쉴만한 물 가으로 인도하시는도다." 여러분이 너무나 잘 아시는 시편 23편도 다윗이 지었습니다.

이런 다윗을 하나님은 "내 마음에 합한 사람"(행 13:22)이라고 칭하시며 이스라엘의 왕으로 삼으셨습니다. 실로 그는 유능한 왕이며 존경받는 신앙인이었고 용맹한 장수였으며 또한 감성이 풍부한 시인이었고, 하나님께 사랑받는 자였습니다.

그런데 이런 다윗에게 씻을 수 없는 큰 불행이 시작되는 유혹이 찾아옵니다(삼하 11장). 통일 왕국에서 평화롭게 살아가던 어느 날, 부하들은 암몬 족속과 전쟁을 하러 내보낸 후 다윗은 왕궁에서 한가로이 지내고 있었습니다. 저녁이 되어 침상에서 일어나 왕궁 옥상을 거닐다가 멀리서 한 여인이 목욕하는 것을 보게 되었습니다. 당시 유대지역에서는 집 안마당의 우물이나 뒷마당 한편에서 목욕하는 것이 보통이었고 왕궁은 높은 산 위에 위치해 있었으므로 이러한 장면을 볼 수 있었습니다.

　　다윗의 마음에 목욕하는 그 여인의 모습이 심히 아름답게 보였습니다. 다윗이 여기에서 멈췄더라면 더 이상 아무 일도 없었을 것입니다. 그런데 다윗의 마음에 더 큰 호기심이 생겼습니다. 그래서 사람을 보내 그녀가 누구인지 알아보게 하였습니다. 한 신하가 그녀는 전쟁터에 나가서 싸우고 있는 헷사람 우리아의 아내 밧세바라고 하였습니다.

　　평상시의 다윗이라면 우리가 생각하는 그의 품성과 인격을 생각해볼 때, 이런 보고를 듣고 국가를 위해 전쟁터에서 싸우는 장수의 아내에게 더 이상의 나쁜 생각은 가지지 않았을 것입니다. 그러나 이미 다윗의 마음에 깃든 유혹은 다윗의 마음을 점점 더 어두운 곳으로 끌고 갔습니다. 남편이 전쟁터에 나가고 혼자 있는 여자라는 사실에 다윗의 마음은 더 큰 유혹에 빠져들게 됩니다. 결국 밧세바를 은근히 불러들여 동침하게 되었고 임신까지 하게 됩니다.

　　이제 상황은 아주 난감하게 되었습니다. 그때 다윗의 마음에 간교한 꾀가 생각났습니다. 다윗은 즉시 군대 장관 요압에게 연락하여 우리아를 예루살렘으로 불러들였습니다. 우리아가 그의 아내 밧세바와 동침하게 함으로써 그녀의 태중의 아이가 다윗의 아이라는 사실을 감추려고 한 것입니다.

우리아는 이런 사실을 꿈에도 모른 채 전쟁터에서 돌아와 다윗 앞에 섰습니다. 다윗은 전쟁에 대한 형식적인 질문 몇 가지만 한 후 그를 바로 집으로 보내 쉬도록 하였습니다. 그리고 그에게 친절을 베풀어 귀한 음식을 하사하였습니다. 모든 것이 다윗의 계획대로 되는 것 같았습니다.

그러나 충성스러운 우리아는 집으로 가지 않았습니다. 왕궁 문에서 그의 부하들과 함께 야영하였습니다. 비록 전장에서 잠시 떨어져 있지만 그는 자신이 지금 전쟁 중인 군사이고, 자신의 동료들은 지금도 전쟁터에서 피 흘리고 있다는 사실을 기억했습니다. 이런 때 자신이 홀로 집으로 가서 편안하게 침대에 누워 아내와 동침하는 것이 합당하지 않다고 여겼습니다. 그는 충신 중의 충신이었습니다.

평상시 같으면 다윗 왕은 그런 충성스러운 부하를 둔 것을 기뻐하였을 것입니다. 그러나 지금 다윗의 마음은 오직 자기의 범죄를 숨기는 데만 혈안이 되어 있었습니다. 이번에는 우리아에게 술을 먹여서 집으로 들어가게 하려고 시도하였으나 우리아의 충직함을 이겨낼 수 없었습니다.

할 수 없이 다윗은 우리아를 다시 전쟁터로 돌려보냅니다. 그냥 보낸 것이 아니라 그의 손에 요압에게 보내는 밀서를 들려서 보냈습니다. 그 편지에는 맹렬한 전투가 벌어질 때 우리아를 최전방으로 보낸 후 군대를 퇴각하여 우리아가 전사하도록 두라는 내용이 적혀있었습니다. 요압은 다윗의 계략대로 잘 움직였고, 우리아는 전장에서 죽었습니다. 다윗은 요압과 공모하여 충신 우리아를 죽인 것입니다.

우리아의 전사 소식을 들은 다윗은 이런 말로 요압을 격려하였습니다. "이 일로 걱정하지 말라 칼은 이 사람이나 저 사람이나 삼키느니라 그 성을 향하여 더욱 힘써 싸워 함락시키라"(삼하 11:25하). 다윗은 이 사건을 마치 우연인 것처럼 속이려 하였습니다.

밧세바는 남편의 전사 소식에 소리내어 울었습니다. 다윗의 욕망이 한 가족을 파탄과 슬픔으로 몰아갔습니다. 장례를 마치자마자 다윗은 밧세바를 궁으로 들여 아내로 삼았습니다. 그리고 아들을 낳았습니다. 사람들에게 우리아의 죽음은 전쟁터에서 일어난 우연한 죽음으로, 다윗 왕은 불쌍한 미망인 밧세바에게 은혜를 베푼 참으로 자비로운 왕으로 보였을 것입니다. 이렇게 다윗의 모든 계획은 완전한 성공으로 마무리되는 듯 했습니다.

그러나 다윗은 모든 사람을 다 속일 수 있어도 하나님을 속일 수 없다는 사실을 까맣게 잊고 있었습니다. 이 모든 일을 다 지켜 보신 하나님은 다윗이 행한 악한 일에 대하여 침묵하지 않으셨습니다. 사무엘하 11장은 이렇게 마무리됩니다. "다윗이 행한 그 일이 여호와 보시기에 악하였더라"(삼하 11:27하). 다윗은 죄의 유혹에 빠졌고, 그 유혹은 하나님이 분노하실 만큼의 큰 악으로 이어진 것입니다.

대부분의 죄는 이렇듯 아주 작은 한 걸음으로 시작합니다. 그래서 사람이 쉽게 눈치 채지 못하고 걸려들게 됩니다. 그런데 그 한 걸음이 또 한 걸음으로, 그리고 또 한 걸음으로 계속해서 이어집니다. 이런 죄의 유혹은 참으로 교묘해서 사람이 눈치를 챘을 즈음에는 이미 돌이키기 어려운 지경에 이르게 됩니다. 그리고 기어이 우리를 다시는 물러설 수 없는 구렁텅이로 몰아넣고 맙니다. 이처럼 죄의 유혹은 인간의 의지나 도덕적 자제력의 수준보다 훨씬 더 교묘하고 강력합니다.

죄의 고통과 비참함

하나님께서 이 일로 나단 선지자를 다윗에게 보냅니다. 나단 선지자는 다윗에게 편안하게 한 이야기를 들려줍니다(삼하 12장). 어느 마을에 양과 소가 심히 많은 부자와 암양 한 마리뿐인 가난한 사람이 살았는데, 어떤 행인이 이 부자의 집에 들르자 그는 자신의 양이 아니라 이 가난한 사람이 자식 같이 여기는 양 한 마리를 빼앗아 그 행인을 접대했다는 이야기였습니다.

이 이야기를 들은 다윗은 격노하였습니다. 그 부자는 죽어야 한다, 그는 가난한 자에게 입힌 손해의 네 배를 갚아야 한다는 것이 다윗의 결론이었습니다. 이때 나단 선지자가 이렇게 이야기합니다.

당신이 그 사람이라 (삼하 12:7상)

07 우리를 시험에 들게 하지 마시옵고

그리고는 다윗을 책망하는 하나님의 말씀을 전합니다.

> 내가 너를 이스라엘 왕으로 기름 붓기 위하여 너를 사울
> 의 손에서 구원하고 네 주인의 집을 네게 주고 네 주인
> 의 아내들을 네 품에 두고 이스라엘과 유다 족속을 네게
> 맡겼느니라 만일 그것이 부족하였을 것 같으면 내가 네
> 게 이것 저것을 더 주었으리라 그러한데 어찌하여 네가
> 여호와의 말씀을 업신여기고 나 보기에 악을 행하였느
> 냐 네가 칼로 헷 사람 우리아를 치되 암몬 자손의 칼로
> 죽이고 그의 아내를 빼앗아 네 아내로 삼았도다 (삼하 12:7
> 하-9)

하나님께서는 다윗이 우리아를 속이고 그의 아내 밧세바를 차
지한 것을 다 알고 계셨습니다. 이 일은 사람으로서는 해서는
안 될 파렴치한 악행이었고, 더구나 그 범죄는 지금까지 그를
지키고 이 자리까지 오르게 한 여호와의 말씀을 업신여기는
행위였습니다. 이 말은 다윗이 하나님의 말씀을 가볍게 여기
고 그런 죄를 지어도 모르실 거라고 생각하는 큰 죄를 저질렀
다는 말입니다. 이제 하나님은 다윗에게 이 범죄로 인하여 그
가 받을 고통이 무엇일지 말씀하십니다.

> 당신이 낳은 아이가 반드시 죽으리이다 (삼하 12:14하)

밧세바가 낳은 아이는 태어나자마다 심히 앓았습니다. 다윗은

이 아이를 살리기 위해 온 성이 다 들릴 정도로, 침상을 적시는 회개의 기도를 드렸지만 하나님은 예언하신 대로 7일만에 그 아이의 생명을 거두어가셨습니다. 다윗의 범죄에 대해 책임을 물으신 것입니다. 그런데 이 사건은 다윗이 이후 치러야할 대가의 시작에 불과했습니다. 다윗은 이 일로 말미암아 말할 수 없이 큰 고통을 당하게 되었습니다.

> 이제 네가 나를 업신여기고 헷 사람 우리아의 아내를 빼앗아 네 아내로 삼았은즉 칼이 네 집에서 영원토록 떠나지 아니하리라 하셨고 여호와께서 또 이와 같이 이르시기를 보라 내가 너와 네 집에 재앙을 일으키고 내가 네 눈앞에서 네 아내를 빼앗아 네 이웃들에게 주리니 그 사람들이 네 아내들과 더불어 백주에 동침하리라 (삼하 12:10-11)

다윗이 우리아에게 저지른 살인과 간음이 이제는 다윗의 집안에서 끊이지 않고 벌어집니다. 다윗이 아끼던 아들 압살롬이 그의 이복형 암논을 살해하였습니다(삼하 13:28-29). 압살롬은 반역을 일으켜 다윗을 예루살렘에서 쫓아내고, 자기가 왕권을 차지했다는 상징으로 다윗 왕의 후궁들을 다윗 성 옥상에서, 다윗이 우리아의 아내를 바라보며 욕정을 품었던 바로 그곳에서 공개적으로 범하였습니다(삼하 16:22).

압살롬은 예루살렘까지 차지하며 반란에 성공하는 듯 보였지만 결국 다윗에게 패하고 본인은 요압에 의해 죽임을 당하였습니다. 다윗은 부하들에게 압살롬의 생명은 살려달라고 부탁하였지만 요압은 그 아비의 마음을 무시하고 압살롬을 처참하게 죽였습니다(삼하 18:13-14). 압살롬이 죽었다는 소식에 다윗은 이 모든 일이 자기가 저지른 죄의 결과라 생각하여 마음이 심히 아파 울부짖었습니다.

> 내 아들 압살롬아 내 아들 내 아들 압살롬아 차라리 내가 너를 대신하여 죽었더면, 압살롬 내 아들아 내 아들아 (삼하 18:33하)

악에서 구하여 주시옵소서

죄는 언제나 은밀하고 달콤한 환상으로 우리에게 다가와서 우리를 속입니다. 그러나 그 유혹에 빠지게 되면 그 결과는 매우 비참합니다. 다윗 같이 하나님의 마음에 합하다는 평을 들을 만큼 인격적으로나 신앙적으로 훌륭한 사람도 이런 시험에 들었습니다.

다윗은 나단 선지자를 통해 하나님의 책망을 받은 후에야 비로소 자신이 깊은 죄의 유혹에 빠진 것을 알았습니다. 도저히 헤어날 수 없는 악의 늪에 빠져버렸다는 것을 실감했습니다. 다윗은 이런 자신이 얼마나 약한 존재이며 악한 존재인지를 발견하며 이를 고백하는 시편을 많이 남겼습니다. 대표적으로 시편 51편이 그렇습니다.

무릇 나는 내 죄과를 아오니 내 죄가 항상 내 앞에 있나
이다(시 51:3)

내가 죄악 중에서 출생하였음이여 어머니가 죄 중에서
나를 잉태하였나이다 (시 51:5)

나를 주 앞에서 쫓아내지 마시며 주의 성령을 내게서 거
두지 마소서(시 51:11)

그는 자신 안에 깊이 숨어있는 죄가 얼마나 커다란지 바로 알
게 되었습니다. 죄는 항상 그리고 처음부터 그와 함께하였다
고 고백합니다. 그리고 그 죄가 자신을 하나님에게서 멀어지
게 만들고 더 이상 하나님께 기도할 수 없게 만든다는 것을 알
았습니다. 그래서 자신을 쫓아내지 말아 달라고, 주의 영을 자
신에게서 완전히 거두어 가지 말아달라고 눈물로 간구하는 회
개의 기도를 드렸습니다. 다윗이 드린 이 기도가 바로 "우리를
시험에 들게 하지 마시옵고 다만 악에서 구하시옵소서"라는
기도의 참 뜻일 것입니다.

하나님은 다윗의 가증스러운 범죄가 얼마나 큰 잘못인지
깨닫게 하시고 징계하셨습니다. 그의 범죄를 묵과하지 않으셨
습니다. 또한 다윗의 회개를 보시고 그의 죄를 사하시고 그에
게 하신 약속을 지키사 그의 왕위를 견고하게 하셨습니다.

우리는 다윗을 통해 죄가 얼마나 은밀하게 한 사람에게
일어나는지 그리고 그 결과가 얼마나 위험한 것인지에 대해

경고를 받습니다. 또한 그런 큰 죄에도 불구하고 하나님을 진심으로 찾는 자에게 베푸시는 하나님의 사랑과 은혜가 얼마나 놀라운 것인지도 또한 다윗을 통하여 보게 됩니다.

악은 실체가 있는가?

우리는 우리에게 일어나는 모든 불행과 실수와 그 결과들을 우연히 생긴 일 또는 우리의 부주의로 인하여 생긴 일이라고 생각합니다. 그러나 성경은 이 악은 우연히 생긴 일이 아니라 의도를 가지고 나에게 찾아 온 실체를 가진 존재라고 합니다.

주기도문의 여섯 번째 간구, "악에서 구하시옵소서"에서 '악'은 헬라어로 '포네로스'라는 단어를 쓰는데 이 단어는 원래 형용사지만 이 단어만 단독으로 쓰는 경우 '악한 것' 또는 '악'이라고 해석할 수 있고, '악한 사람' 또는 '악한 존재'라고 번역하는 것도 가능합니다. 그러므로 여기에서 '악'은 '악한 존재' 즉 악한 의지를 가지고 있고 목적을 가지고 있는 실제로 존재하는 사악한 실체를 말합니다.

'구하시옵소서'는 헬라어로 '뤼오마이', 영어 성경은 deliver라는 단어를 용합니다. '끄집어내어 주다'라는 뜻입니다. 즉 "악에서 구하시옵소서"라는 기도는 악한 존재가 와서 우리를 유혹하여 비참한 상태로 가두어 두고 빠져나가지 못하게 집요하게 우리의 발목을 잡고 늘어지고 있으니, 하나님께서 이 악한 존재에게서 우리를 구해주십시오, 또는 이 악한 존재에 빠진 비참한 상황에서 우리를 끄집어내어 주십시오, 하는 간절한 부르짖음입니다.

주님은 주기도문의 여섯 번째 간구에서 이 '악한 존재'를 말씀하심으로써 우리가 시험에 들어 악에 빠지는 것은 단순한 실수나 우연이 아니라고 가르치시는 것입니다. 우리를 유혹하는 강력한 악의 세력이 분명히 존재합니다. 이 악한 세력은 집요하게 인류 역사에 개입하여 인간을 하나님으로부터 멀어지게 만들어왔습니다.

창세기 3장에서 인류의 첫 조상 아담과 하와에게 거짓 정보를 흘려 유혹하는 뱀이 바로 사탄입니다. 선악과를 먹으면 반드시 죽는다는 하나님의 말씀이 거짓이라고, 그 선악과를 먹으면 눈이 밝아져 오히려 너희가 하나님처럼 될 수 있다고 유혹하여 인류를 죄에 빠뜨렸습니다. 예수께서 이 땅에 오셔서 세례를 받으시고 십자가를 통한 인류 구원의 길을 가고자 하실 때, 광야에서 예수님을 찾아와 집요하게 그 길을 못 가도록 유혹한 존재가 이 사탄입니다.

사탄은 지금도 온갖 방법을 다 동원하여 믿는 자를 넘어뜨리려 합니다. 그래서 사도들은 우리가 이러한 영적 싸움의 실체를 밝히고 이 싸움에서 승리하도록 우리를 권면하였습니다.

근신하라 깨어라 너희 대적 마귀가 우는 사자 같이 두루 다니며 삼킬 자를 찾나니 (벧전 5:8)

우리의 씨름은 혈과 육을 상대하는 것이 아니요 통치자

들과 권세들과 이 어둠의 세상 주관자들과 하늘에 있는
악의 영들을 상대함이라 (엡 6:12)

이 어두운 영적 세력은 보이지 않지만 분명히 우리를 악으로
유혹하여 파멸시키려 하는 적극적 의지와 힘을 가진 실체입니
다. 우리의 힘만으로는 이 악한 자, 즉 사탄을 이길 수 없습니
다. 이 어둠의 영이 유혹하는 시험을 이기고 악에서 빠져나오
는 첫걸음은 우리의 능력을 과신하지 않고 주님께서 가르치신
이 기도를 기억하는 것입니다.

　　주님께서 이 기도를 가르치신 것은 이러한 시험과 유혹
이 있을 때 우리가 하나님께 기도하여 하늘로부터 오는 성령
을 힘입어 이 시험을 이기고 악을 물리치라고 우리에게 힘과
용기를 주시기 위함입니다. 우리가 이 기도를 드릴 때 반드시
응답하시겠다고 약속하시는 것입니다. 그 약속을 믿고 드리는
이 기도가 이 땅에서 우리가 영적 승리를 얻는 가장 확실한 길
입니다.

반드시 기억해야 하는 기도

인류 역사는 지금까지 우리의 의지나 능력으로 감당하기 어려
운 유혹과 죄에 둘러싸여 있었습니다. 그런데 지금의 현대 문
화는 그 어느 때보다 더 교묘하고 강력하게 우리를 시험에 빠
지게 합니다. 우리가 어린 시절에는 상상할 수도 없었던 것들

을 우리 자녀들은 보고 들으며 살아갑니다. 게임, 음란물, 폭력적인 영상과 폭언 등이 인터넷에 가득하여 손가락만 한 번 움직이면 우리 자녀들의 눈앞에 이런 것들이 폭포수처럼 쏟아지는 시대입니다.

또한 요즘 젊은이들은 이전에 경험해보지 못한 고학력 취업난 속에, 대학을 졸업하고 높은 영어성적을 받고, 각종 자격증을 다 보유하고 있어도 실업자로 살아야 하는 현실을 살고 있습니다. 그래서 요즘 젊은이들을 삼포세대라 부릅니다. 연애, 결혼, 출산, 이 세 가지를 포기한 세대라는 뜻입니다. 거기에 더해서 인간관계와 주택구입을 포기한 오포세대, 또 꿈과 희망을 더 포기한 칠포세대, 더 나아가 셀 수 없이 많은 것을 포기한 N포세대라는 말까지 나온 상황입니다.

이런 현실에서 과연 우리는 어떻게 우리의 자녀들에게 이런 영혼의 깊은 문제를 가르칠 수 있을까요? 그저 직장을 가지고 결혼해서 잘 먹고 잘 살 수 있게만 만들어 주면 끝입니까? 결코 그렇지 않습니다. 남부럽지 않게 많은 것을 소유한 사람이 단 한 번의 유혹을 이기지 못하고 인생을 비참하게 끝내는 모습을 우리는 너무나 많이 보아왔습니다. 그러니 우리 자녀들이 어렸을 때부터 유혹이 영적인 싸움이라는 사실과 이 영적 싸움에서 이기는 기도를 가르치는 일이 얼마나 소중한지 모릅니다.

이 시대는 어른들이라고 결코 쉬운 시대는 아닙니다. 우리는 단 한시도 치열한 생존경쟁에서 자유롭지 못한 각박한 현실을 살고 있습니다. 마음의 평화와 안식을 얻지 못합니다.

또한 우리 어른들도 너무나 많은 유혹 속에 둘러싸여 있습니다. 하나님의 말씀과 기도가 아니면 그 어떤 것도 우리의 영혼을 정화시키고 우리의 인생을 지켜주지 못합니다. 그러므로 오늘 주님이 가르쳐주신 간구, "우리를 시험에 들게 하지 마시옵고 다만 악에서 구하시옵소서"(마 6:14)는 우리 모두에게 절실히 필요한 기도입니다.

　이 기도를 드릴 때 우리가 반드시 기억해야 할 사실이 있습니다. 이 기도를 가르치신 주님이 우리와 똑같이 이 세상에서 많은 시험과 고난을 친히 당하신 분이라는 사실입니다. 그래서 주님은 우리의 고통과 연약함을 너무나 잘 아시고 우리를 능히 도우실 수 있습니다.

　　그가 시험을 받아 고난을 당하셨은즉 시험 받는 자들을 능히 도우실 수 있느니라 (히 2:18)

　　우리에게 있는 대제사장은 우리의 연약함을 동정하지 못하실 이가 아니요 모든 일에 우리와 똑같이 시험을 받으신 이로되 죄는 없으시니라 (히 4:15)

또한 주님은 우리는 상상도 할 수 없는 십자가의 모욕과 죽음의 고통, 그리고 그 고통을 피하고 싶은 시험과 유혹을 이기기 위해 심한 통곡과 눈물로 간구와 소원을 하나님께 간절하게 올리셨고, 그 고통을 이기고 승리하신 분이십니다.

그는 육체에 계실 때에 자기를 죽음에서 능히 구원하실
이에게 심한 통곡과 눈물로 간구와 소원을 올렸고 그의
경건하심으로 말미암아 들으심을 얻었느니라 (히 5:7)

이러한 간절한 기도를 통해 이 세상의 모든 시험과 악을 이기
신 주님은 지금도 하나님 우편에서 무한하신 능력과 사랑으로
우리를 지키고 보호하고 계십니다. 또한 주님께서 드리셨던
동일한 기도를 지금 이 땅에서 드리는 우리에게 영원한 승리
를 약속하십니다.

그래서 우리가 이 기도를 드릴 때, 주님은 우리가 시험
에 빠지지 않도록 안전하게 지켜주실 것이며 또한 우리가 악
에 빠졌을 때에도 우리를 거기에서 끄집어내어 안전한 곳으로
인도하여 주실 것입니다. 그러므로 주님이 가르치신 이 여섯
번째 간구는 우리가 어떤 시험에 있던지 어떤 악에서 고통을
당하든지 반드시 기억해야 하는 참으로 귀중한 기도입니다.

08

나라와 권세와 영광이
아버지께 영원히

이 기도가 정말 하나님께 상달될까?

그렇게 믿을 수 있는 근거는 무엇인가?

감격과 찬양의 기도

주님을 알고 신앙을 고백하는 그의 자녀들이 날마다 우리의 아버지이신 하나님께 드리는 기도가 이 주기도문입니다. 신앙 생활에서 오랜 시간 떠나있던 사람이 감당할 수 없는 현실 속에 허덕일 때, 예전의 신앙생활을 기억하며 다시 드리는 기도가 또한 이 주기도문입니다.

어떤 이는 오늘 하루의 식사가 없어서 정말 절박한 심정으로 하늘의 아버지께 이 기도를 드릴 것입니다.

"오늘, 우리에게 필요한 양식을 주시옵소서!"

어떤 이는 유혹에 빠져 지울 수 없는 마음의 고통으로 가

슴을 치며 후회할 때 이 회개의 기도를 드릴 것입니다.

"다시는 이런 시험에 들지 않게 하시고 다만 악에서 구하여 주시옵소서!"

어떤 이는 임종의 시간을 기다리며 하늘에 계신 아버지께 돌아가는 마지막에 이 기도를 기억할 것입니다.

"하늘에 계신 우리 아버지!"

그리고 나의 삶이 이 죽음으로 끝나는 것이 아니라 하나님이 약속하신 그 나라에서 영원히 이어질 것을 굳게 믿는 성도는 마지막 눈을 감으며 이 기도를 드릴 것입니다.

"하나님 나라가 임하게 하시옵소서!"

이렇듯 우리가 볼 수 없고 알 수는 없지만 지금도 이 세상의 모든 곳, 슬픔과 박해와 죽음과 전쟁이 있는 모든 곳에서 가장 많이 울려 퍼지는 기도가 바로 주님이 가르치신 이 주기도문입니다.

우리가 주님께 간절히 기도하다가, 이제 기도를 마칠 때 즈음에 우리는 지금까지 드린 모든 기도가 분명히 하나님께 상달된다는 강한 믿음과 확신으로 충만하게 됩니다. 그래서 이 기도를 들으시는 분께 감사와 감격과 찬양과 영광을 돌려

드리게 되는데, 바로 이것이 우리가 주기도문에서 마지막으로 배울 기도입니다.

> [대개] 나라와 권세와 영광이 아버지께 영원히 있사옵나이다 아멘 (마 6:13하)

마태복음 6장 13절을 보시면 이 구절은 괄호 안에 들어있고, 그 앞에 "4)"라고 번호가 적혀 있을 것입니다. 이것을 난외주라고 합니다. 성경 아래 부분에 있는 난외주 해설을 보면 "고대 사본에, 이 괄호 내 구절이 없음"이라고 적혀 있습니다.

학자들이 수많은 사본을 검토하고 비교하고 대조해서 성경을 편찬하면서, 어느 구절이 어떤 사본에는 있고 또 어떤 사본에는 없다는 내용을 친절하게 알려줍니다. 주의 종들이 얼마나 신중하게 성경을 편찬했는지, 그리고 주님이 주신 말씀에 더하거나 빠짐이 없도록 얼마나 성실하고 정직하게 그 기록을 전하고 있는지 참으로 놀랍습니다. 이런 작은 부분을 통하여서도 우리는 성경의 권위를 인정하게 됩니다.

주기도문을 맺는 이 기도는 2세기 초반의 기록물인《디다케: 열두 사도들의 가르침》등의 문서에도 기록되어 있고, 초대 교회에서는 회중예배에서 사용되었다는 기록이 있습니다. 다만 주님께서 산상수훈을 강해하실 때, 다시 말해 마태복음의 원래 기록에 이 맺음의 기도가 들어있었는지에 대해서는 논란이 있습니다.

학자들에 따라서는 회중예배에서 지난 시간까지 배운 주

기도를 다같이 드린 후에, 예배 인도자가 "대개 나라와 권세와 영광이 아버지께 영원히 있사옵나이다"라고 찬양의 기도를 드리면, 회중이 다함께 "아멘"으로 화답하였다고 보시는 분들도 있습니다.

그러나 분명히 이 기도문은 주기도를 마친 후 이 기도가 하나님께 분명히 상달될 것을 굳게 믿으며 그 감격과 영광을 찬송한 맺음의 기도 성격을 가지고 있다는 사실은 분명합니다. 따라서 저희 교회에서는 이 맺음의 기도를 주기도문의 마지막 부분에 포함된 것으로 여기고, 성도들이 하나님께 드리는 영광과 감격의 기도로 소중히 드리고 있습니다.

감격하며 영광을 드리는 이유

우리가 보통 주기도문을 암송할 때 "대개 나라와 권세와 영광이 아버지께 영원히 있사옵나이다"라고 기도하였는데 요즘 번역된 주기도문과 오늘 마태복음 본문에 보면 '대개'라는 단어가 빠져 있습니다. 다만 찬송가 635, 636장에서는 여전히 사용되고 있습니다. '대개'(大蓋)는 고어로 요즘은 안 쓰는 말입니다. 그래서 빠졌는지도 모르겠습니다. 아무튼 이 '대개'는 성경 원어인 헬라어 성경에 나온 단어 '호티'를 번역한 말로서 영어로는 'for' 즉 '왜냐하면'이라는 뜻입니다.

개역개정판 성경에서 이 '호티'가 번역되지 않은 것을 개인적으로 좀 아쉽게 생각합니다. 이 '호티', 즉 '왜냐하면'이라는 단어를 넣어 이 문구를 해석해 보면 '하나님의 나라와 권세와 영광이 영원하기 때문에, 우리는 늘 이 기도를 하나님께 드리며 또한 우리가 드리는 이 기도가 분명히 하나님께 상달되어 이루어질 것을 굳게 믿고 하나님께 감사와 영광을 돌리지 않을 수 없습니다'라고 해서 좀 더 명확한 뜻이 전달되기 때문입니다.

그리고 기도의 마지막에 나오는 "아멘"은 구약 성경을 기록한 히브리어 단어입니다. 구약 성경에서는 다른 사람이 어떤 말을 할 때, 거기에 호응하여 '그렇게 될지어다'라는 감탄사로 사용되었습니다. 또 신약 성경에서도 교회 지도자가 말을 할 때 '정말로 저에게도 그렇습니다' 또는 '그렇게 이루어지기를 저희들도 모두 확신하며 소망하나이다'라는 동의의 표현으로 사용되었습니다. 그러므로 기도를 마치고 인도자가 "나라와 권세와 영광이 아버지께 영원히 있사옵나이다" 하면 회중이 "아멘"으로 그 기도에 대한 영광과 찬양을 하나님께 돌렸을 것입니다.

누가 이 감격과 영광의 기도를 드릴 수 있는가?

오늘날에도 많은 사람이 여러 모양으로 하나님께 기도합니다. 그러나 그 사람들이 전부 하나님을 믿는 믿음을 가지고 기도하는 것은 아닙니다. 많은 사람이 마음에 "정말 하나님이 계실까? 정말 그가 다스리는 나라가 있을까?" 하는 의문을 가지고 있습니다. 이러한 의문은 어찌 보면 당연한 것입니다.

지난 수천 년의 인류 역사에서 많은 이들이 하나님 나라가 진짜로 존재하는지, 하나님이 정말 인류 역사에 힘을 발휘하는지에 대한 문제를 풀고자 많은 노력을 하였습니다. 어떤 이들은 고도의 지성을 가지고 철학의 체계 속에서 이 문제를 이성적으로 풀려고 했습니다. 또 어떤 이들은 보통 사람이 흉내조차 낼 수 없는 고행을 통해 이 하늘의 신비를 직접 경험해 보려고 했습니다.

그러나 이 모든 노력은 지금까지 계속 실패하였고 앞으로도 그러할 것입니다. 왜냐하면 하나님은 보이지 않는 분이시며 인간의 능력을 초월한 영역에 계시기 때문입니다. 그러므로 성경은 이렇게 결론을 내립니다.

> 하나님의 지혜에 있어서는 이 세상이 자기 지혜로 하나님을 알지 못하므로 하나님께서 전도의 미련한 것으로 믿는 자들을 구원하시기를 기뻐하셨도다 유대인은 표적을 구하고 헬라인은 지혜를 찾으나 우리는 십자가에 못 박힌 그리스도를 전하니 유대인에게는 거리끼는 것이요 이방인에게는 미련한 것이로되 오직 부르심을 받은 자들에게는 유대인이나 헬라인이나 그리스도는 하나님의 능력이요 하나님의 지혜니라 (고전 1:21-24)

사람은 탁월한 지혜나 신비한 경험 같은 외부적 요인을 통해서 하나님의 존재를 이해하거나 경험할 수 없습니다. 하나님을 알고 경험하는 것은, 오직 그분의 부르심을 받고 이 땅에 오신 우리 주 예수 그리스도를 자신의 구주로 영접한 사람들에게만 열리는 하늘의 신비입니다.

예수님의 제자들은 3년 동안 주님을 따라다니며 그 놀라운 가르침과 능력들을 직접 배우고 보았습니다. 하지만 그들은 자신들의 욕망을 위해 주님을 따라다녔고 자신들의 지식과 경험의 눈으로 주님을 바라보았습니다. 그래서 그들은 예수님의 공생애 기간에 하나님 나라의 권세와 영광이 어떠한 것인지, 그것이 얼마나 위대한 것인지 도무지 알 수 없었습니다.

그들은 시험이 닥칠 때 넘어졌고, 용기가 필요할 때 두려워했고, 담대함이 필요할 때 주님을 모른다고 부인했습니다. 주님께서 죽으시고 사흘 만에 다시 살아나실 것이라는 것을 몇 번이나 미리 말했지만 그들은 깨닫지 못했습니다. 예수께서 십자가에서 처참하게 죽는 모습을 보고 모두 도망가서 방에 틀어 박혀 문을 걸어 잠그고 두려움에 벌벌 떨었습니다.

그런데 무덤에 묻히신 예수께서 부활하셨습니다. 그리고 두려움에 문 뒤에 숨어서 떨고 있는 제자들을 찾아가셨습니다. 그리고 말씀하십니다. "너희에게 평강이 있을지어다"(요 20:19하). 그리고 그들에게 당신의 못 박힌 손과 구멍 난 옆구리를 보여주셨습니다(요 20:20). 제자들은 이 부활하신 주님을 만나고 나서야 비로소 안심하고 기뻐하게 됩니다.

그 자리에 없었던 도마는 다른 제자들의 말을 받아들이지 못하였습니다. 그들이 모두 부활하신 주님을 보았다고 하여도 도마의 이성과 경험으로는 죽은 자가 다시 살아났다는 사실을 인정할 수 없었던 것입니다. "내 손가락을 그 못 자국에 넣으며 내 손을 그 옆구리에 넣어 보지 않고는 믿지 아니하겠노라"(요 20:25하). 이것이 도마의 말이었습니다.

여드레 후에 예수께서 이번에는 도마도 함께 있을 때에 제자들에게 오셨습니다. 그리고 도마에게 말씀하셨습니다. "네 손가락을 이리 내밀어 내 손을 보고 네 손을 내밀어 내 옆구리에 넣어 보라 그리하여 믿음 없는 자가 되지 말고 믿는 자가 되라"(요 20:27). 그러자 의심 많던 도마가 주님 앞에 무릎을 꿇으며 외칩니다.

나의 주님이시요 나의 하나님이시니이다 (요 20:28)

부활하신 예수님을 만나고 나서야 제자들은 그들의 스승이 어떤 분인지 알았습니다. 그가 말하던 하나님 나라가 실제로 존재하는 나라요, 죽음의 권세도 이기는 능력을 가진 나라요, 영원한 영광의 나라라는 것을 비로소 실감하게 되었습니다.

이 부활하신 예수님을 만난 제자들은 완전히 달라집니다. 대표적으로 예수님이 재판 받으실 때에 자기의 스승을 모른다고 세 번이나 부인하던 베드로가 그렇습니다. 그는 대제사장들 앞에서 심문 받고 있는 예수의 제자가 아니냐고 질문하던 여종의 말에도 벌벌 떨며 자기는 그를 모른다고 부인하던 자였습니다(눅 22:56-57).

그런데 사도행전 4장을 보면 베드로가 예수님을 재판했던 대제사장 안나스와 가야바를 비롯한 제사장들과 관리들과 장로들과 서기관들 앞에 서는 장면이 나옵니다. 그들은 그들 앞에 잡혀온 베드로와 요한에게 다시는 예수의 부활은 물론 그 이름으로 가르치지도 말라고 협박합니다. 그때 베드로는 그들에게 담대하게 맞섭니다.

> 우리는 보고 들은 것을 말하지 아니할 수 없다 (행 4:20)

초대교회 전승에 따르면 네로 황제 시절에 십자가형을 선고받은 베드로는, 자신은 예수님과 같은 모양과 방법으로 십자가에 달릴 자격이 없다고 하면서 거꾸로 매달려 죽게 해달라고 요청하였다고 합니다.

최초의 순교자 스데반 집사는 공회에서 담대하게 예수 그리스도의 복음을 변론할 뿐만 아니라, 그들 앞에 모인 유대인들을 향하여 그들의 조상은 선지자들을 박해하고 그들은 그 선지자들이 오시리라 예고한 의인, 곧 그리스도를 살인하였다고 설교합니다. 이로 인해 그들이 이를 갈며 분노할 때 스데반은 더욱 담대히 외칩니다.

> 스데반이 성령 충만하여 하늘을 우러러 주목하여 하나님의 영광과 및 예수께서 하나님 우편에 서신 것을 보고 말하되 보라 하늘이 열리고 인자가 하나님 우편에 서신 것을 보노라 한대 (행 7:55–56)

그러자 공회에 참석한 이들이 일제히 큰 소리를 치며 달려들어 스데반을 성 밖으로 내치고 돌로 칩니다. 그의 마지막 모습을 성경은 이렇게 기록합니다.

> 스데반이 부르짖어 이르되 주 예수여 내 영혼을 받으시
> 옵소서 하고 무릎을 꿇고 크게 불러 이르되 주여 이 죄
> 를 그들에게 돌리지 마옵소서 이 말을 하고 자니라 (행
> 7:59-60)

부활하신 주님을 만난 제자들은 지금까지 그들이 믿고 따르던 그 주님이 바로 하나님의 아들임을 믿게 되었습니다. 하나님 나라의 위대한 능력을 직접 경험하게 되었습니다. 그런 제자들은 죽음도 두려워하지 않고 하늘을 향해 기도할 수 있었습니다.

그러므로 이 "대개 나라와 권세와 영광이 아버지께 영원히 있사옵나이다"라고 기도할 수 있는 이는 오직 이 주님을 나의 주님으로 믿고 고백하는 자, 하나님이 계신 것과 그의 나라와 권세와 영광이 영원할 것을 믿고 감격하는 자들뿐입니다.

마지막에 나타날 하나님 나라의 권세와 영광

주님의 제자들은 이제 다 순교의 십자가를 지고 잠들었지만 사도 요한은 아흔 살이 넘도록 살아남았습니다. 그리고 그도 다른 제자들처럼 많은 박해를 받다가 말년에는 밧모 섬으로

유배되었습니다. 밧모 섬은 에베소에서 90 킬로미터 정도 떨어진 곳에 위치한 바위투성이의 황량한 섬입니다.

요한은 밧모 섬에서 앞으로 주님의 나라가 이 땅위에 임하는 장면을 생생한 계시로 보게 되었으며, 그가 본 모든 일에 관한 기록이 바로 요한계시록입니다. 요한계시록에는 하나님 나라가 어떤 모습으로 우리에게 나타날 것인지 자세히 기록되어 있습니다.

> 또 내가 새 하늘과 새 땅을 보니 처음 하늘과 처음 땅이 없어졌고 바다도 다시 있지 않더라 또 내가 보매 거룩한 성 새 예루살렘이 하나님께로부터 하늘에서 내려오니 그 준비한 것이 신부가 남편을 위하여 단장한 것 같더라 내가 들으니 보좌에서 큰 음성이 나서 이르되 보라 하나님의 장막이 사람들과 함께 있으매 하나님이 그들과 함께 계시리니 그들은 하나님의 백성이 되고 하나님은 친히 그들과 함께 계셔서 모든 눈물을 그 눈에서 닦아 주시니 다시는 사망이 없고 애통하는 것이나 곡하는 것이나 아픈 것이 다시 있지 아니하리니 처음 것들이 다 지나갔음이러라 (계 21:1-4)

그리고 오늘도 여전히 이 나라가 우리에게 올 것을 믿고 기다리는 성도들의 기도가 하나님 앞에 놓인 제단의 향연과 함께 올라가고 있음을 보여줍니다.

> 또 다른 천사가 와서 제단 곁에 서서 금 향로를 가지고 많
> 은 향을 받았으니 이는 모든 성도의 기도와 합하여 보좌
> 앞 금 제단에 드리고자 함이라 향연이 성도의 기도와 함께
> 천사의 손으로부터 하나님 앞으로 올라가는지라 (계 8:3-4)

하나님께서는 지금도 여전히 이 세상의 박해와 죽음의 현장에 있는 그의 자녀들이 드리는 기도를 향연처럼 귀하게 받으시고 응답하십니다. 그뿐 아니라 마지막 날에는 참으로 온전하고 영원한 하나님 나라에서 우리를 맞이하실 것입니다.

이러한 믿음과 소망을 가지고 있었기에 초대교회 성도들은 이백년을 지하묘지 카타콤에 숨어서 예배를 드리면서도 그 믿음이 변하지 않았습니다. 그들은 "내가 진실로 속히 오리라" 약속하신 주님의 마지막 말씀에 "아멘 주 예수여 오시옵소서" 하고 감격과 찬양의 화답을 드렸습니다(계 21:20).

오늘을 사는 우리 역시, 오늘도 여전히 주께서 우리의 기도를 귀하게 받으심을 믿으며, 오늘도 불꽃같은 눈으로 우리를 지키시며 보호하심을 확신하며, 그 나라의 권세와 영광이 영원히 하나님께 있음을 고백하며 이 감사와 감격과 영광으로 이 기도를 마칩니다.

"대개 나라와 권세와 영광이 아버지께 영원히 있사옵나이다!"

"아멘!"

이 감격과 영광의 찬양이 여러분이 드리는 모든 기도 속에 충만하시기를 바랍니다.

너희는 이렇게 기도하라

초판 발행   2019년 4월 7일

지은이   김재출
마케팅   강한덕, 한정희, 박다혜
관리   정문구, 정광석, 강지선, 이나리, 김태영, 박현석
펴낸이   박종태
펴낸곳   비전북
주소   경기도 고양시 일산서구 송산로 499-10 (덕이동)
전화   (031) 907-3927   **팩스**   (031) 905-3927
등록   2011년 2월 22일 제96-2011-000038호)

공급처   ㈜ 비전북
전화   (031) 907-3927
팩스   (031) 905-3927

잘못된 책은 바꾸어 드립니다.
책값은 뒤표지에 있습니다.
ISBN 979-11-86387-32-0